GIANTS OF SCIENCE • GIGANTES DE LA CIENCIA

GALILEO GALILEI

Moving Science Forward   Adelantando la ciencia

BLACKBIRCH PRESS

An imprint of Thomson Gale, a part of The Thomson Corporation

THOMSON

GALE

Detroit • New York • San Francisco • San Diego • New Haven, Conn. • Waterville, Maine • London • Munich

Photo credits: Alinari: 31; The Bridgeman Art Library: 4; Mary Evans Picture Library: 6, 7, 9, 35, 37 (Explorer); Robert Harding Picture Library: 24 (W. Rawlings); Michael Holford: 18, 19, 26; Hulton Picture Library: 14; The Image Bank: 5 (W. Bibikow), 25 (P. DeRenzis), 27; The Mansell Collection: 20, 38, 54; Photographie Buloz: 50; Ann Ronan Picture Library: 8 right, 10, 22, 32, 34 top and bottom (Goldschmidt & Co.), 45 (Royal Astronomical Society), 57 (Goldschmidt & Co.); Scala: cover, 8 far right, 13 top and bottom 16, 28, 39, 47, 49, 56; Science Photo Library: 36 (NOAO), 41 (NASA), 46 (Dr. J. Burgess): Weidenfeld & Nicolson Archives: 11, 44, 48.

LIBRARY OF CONGRESS CATALOGING-IN-PUBLICATION DATA

White, Michael, 1959–
  [Galileo Galilei. Spanish & English]
Galileo Galilei / by Michael White.
     p. cm. — (Giants of science bilingual)
  Text in Spanish and English.
  Includes bibliographical references and index.
  ISBN 1-4103-0503-1 (hard cover : alk. paper)
  1. Galilei, Galileo, 1564–1642—Biography—Juvenile literature. 2. Astronomers—Italy—Biography—Juvenile literature. I. Title. II. Series.

  QB36.G2W4818 2005
  520'.92—dc22

                                                              2004026921

CONTENTS

CONTENIDO

Galileo was
put on trial in
April 1633 at
the age of
sixty-nine.
He is standing
in the top left
corner of this
picture.

Galileo fue
procesado en
abril de 1633
a los sesenta
y nueve años
de edad.
Está de pie
en la parte
superior
izquierda de
este cuadro.

On Trial

The courtroom in Rome was full. It was filled with important people from the Roman Catholic Church. Pope Urban VIII was the leader of the church. It was April 1633, and the greatest scientist of this time was on trial.

The man on trial was Galileo Galilei. He was sixty-nine years old, and he had been very sick. To get to the trial, he had traveled from Florence and through much of Italy. He stood tall and he looked proud, but his face looked worn and tired.

Galileo had claimed that Earth was not at the center of the universe. The church disagreed. Church leaders called Galileo to Rome to defend himself. Pope Urban was leading the trial. He sat in the middle of the large courtroom. Pope Urban believed that Galileo's work was harmful to the Catholic Church.

At this time in history, the Catholic Church was very powerful. Pope Urban wanted to make sure it stayed powerful. He had gathered together powerful people from other countries to help him. These people

¡Acusado!

La sala del tribunal en Roma estaba llena. La llenaban personas importantes de la Iglesia Católica. El papa Urbano VIII era el líder de la Iglesia. Era abril de 1633, y estaban procesando al científico más brillante de la época.

El hombre acusado era Galileo Galilei. Tenía sesenta y nueve años, y había estado muy enfermo. Para llegar al tribunal, había viajado desde Florencia y a través de una gran parte de Italia. Se mantenía erguido y se veía orgulloso, pero su cara mostraba un gran cansancio.

Galileo había afirmado que la Tierra no estaba situada en el centro del universo. La Iglesia no coincidía con él. Los líderes de la Iglesia lo convocaron a Roma para que se defendiera. El papa Urbano encabezaba el proceso. Estaba sentado en el medio de la gran sala del tribunal. El papa creía que el trabajo de Galileo perjudicaba a la Iglesia Católica.

En ese momento, la Iglesia Católica era muy poderosa. El papa Urbano quería que siguiera siendo poderosa. Había reunido a individuos poderosos de otros países para lograrlo. Estos individuos esta-

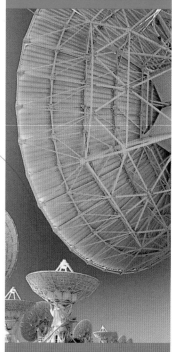

Galileo was a great astronomer. His work helped us gain an understanding of how the solar system works.

Galileo fue un gran astrónomo. Su trabajo nos ha ayudado a comprender el funcionamiento del sistema solar.

Galileo was a faithful Catholic and had many friends in the Roman Catholic Church. His views about the universe disagreed with the Church, however.

Galileo era un católico fiel y tenía muchas amistades dentro de la Iglesia Católica. Pero sus ideas acerca del universo estaban en desacuerdo con las de la Iglesia.

sat in the courtroom at Galileo's trial. They would listen to his arguments. Then, they would decide what to do.

The mood in the courtroom was serious. Pope Urban bowed his head and concentrated as he listened. Every once in a while, he frowned at Galileo. The pope was furious with the scientist for arguing with the church. According to the pope, Galileo had committed heresy, a serious crime against the church. The pope wanted to see Galileo punished.

In the 1600s, a person was guilty of heresy if that person disagreed with the church. A scientist who taught ideas that disagreed with the church could be punished severely. Galileo was in great danger. The church had a special group of people called the Inquisition. The Inquisition could have Galileo tortured and killed. Thirty-three years earlier, the Inquisition had had a great thinker named Giorgano Bruno killed for heresy. The Inquisition had had many others tortured and killed for heresy too.

ban en la sala durante el proceso de Galileo. Escucharían sus argumentos. Después decidirían que hacer.

Era serio el ambiente de la sala del tribunal. El papa Urbano inclinó la cabeza y se concentró en lo que escuchaba. De vez en cuando miraba a Galileo con el ceño fruncido. El papa estaba furioso con el científico por haberse opuesto a la Iglesia. Según el papa, Galileo había cometido herejía, un crimen contra la Iglesia. El papa quería que Galileo fuera castigado.

En los años 1600, una persona era culpable de herejía si estaba en desacuerdo con la Iglesia. Un científico que enseñara ideas en oposición a las de la Iglesia podría ser severamente castigado. Galileo se había puesto en mucho peligro. La Iglesia tenía un grupo especial llamado la Inquisición. La Inquisición podría mandar que torturaran y mataran a Galileo. Treinta y tres años antes, la Inquisición había mandado que mataran al gran pensador Giorgano Bruno por hereje. La Inquisición también había mandado que torturaran y mataran a muchos otros.

Guilty

Galileo had an advantage over these other people who had been accused of heresy, however. He had made friends with powerful men. Some of these men were on the Inquisition. They disagreed with Galileo, but they wanted to understand him. They did not want to see him killed.

The trial went on for many weeks. The men on the Inquisition asked Galileo a lot of questions. It seemed that they showed no mercy for the scientist. But they were really his friends, and they wanted to save his life. On the last day of the trial, however, the court said that Galileo was guilty. The greatest scientist of this time was sentenced to prison for the rest of his life.

The Dialogue

Galileo was not the first person to claim that Earth was not at the center of the universe. A Polish astronomer named Nicolaus Copernicus had made this claim. Copernicus wrote a book about his ideas. In the book, he said that Earth was just another planet orbiting the Sun. Galileo went to trial because he supported Copernicus. Copernicus's book led to a big argument between

Culpable

Galileo, sin embargo, tenía una ventaja sobre los otros acusados de herejía. Se había hecho amigo de hombres poderosos. Algunos de ellos eran parte de la Inquisición. No estaban de acuerdo con Galileo, pero deseaban comprenderlo. No querían que lo mataran.

El proceso duró muchas semanas. Los hombres de la Inquisición hicieron muchas preguntas a Galileo. Parecían no tener ninguna piedad del científico. Pero en realidad eran amigos de él, y querían salvarle la vida. Sin embargo, en el último día del proceso, el tribunal declaró a Galileo culpable. El científico más brillante de esa época fue condenado a cadena perpetua.

Diálogo

Galileo no fue el primero en afirmar que la Tierra no estaba situada en el centro del universo. Un astrónomo polaco llamado Nicolás Copérnico ya lo había dicho. Copérnico escribió un libro sobre sus ideas. En este libro dijo que la Tierra era simplemente otro planeta que orbitaba alrededor del Sol. Galileo fue procesado porque apoyaba a Copérnico. El libro de Copérnico llevó a una

Nicolaus Copernicus was born in 1473, about a hundred years before Galileo was born. Still, Copernicus had ideas about the movement of the stars and planets that had a large effect on Galileo's work.

Nicolás Copérnico nació en 1473, unos cien años antes que Galileo. Sin embargo, las ideas de Copérnico acerca del movimiento de las estrellas y los planetas influyeron mucho en el trabajo de Galileo.

science and the church.

Pope Urban had asked Galileo to write a book about the argument. The pope wanted Galileo to explain the argument and then agree with the church. But Galileo did not do what he was told. He wrote a book called *Dialogue Concerning the Two Chief Systems of the World*. In the book, he said that the Sun, not Earth, was at the center of the universe. The pope then called Galileo to stand trial in Rome.

The Church

In seventeenth-century Europe, the Catholic Church had great control over the lives of the people. The church controlled the peo-

gran discusión entre la ciencia y la Iglesia.

El papa Urbano le había pedido a Galileo que escribiera un libro acerca de la disputa. El papa quería que Galileo explicara la diferencia de ideas y se declarara en acuerdo con la Iglesia. Pero Galileo no cumplió las órdenes del papa. Escribió un libro titulado *Diálogo sobre los dos principales sistemas del mundo*. En el libro dijo que el Sol, no la Tierra, estaba situado en el centro del universo. Después el papa convocó a Galileo para ser procesado en Roma.

La Iglesia

En la Europa del siglo diecisiete, la Iglesia Católica mantenía mucho control sobre las vidas de la gente. La Iglesia controlaba a la gente prohibiendo

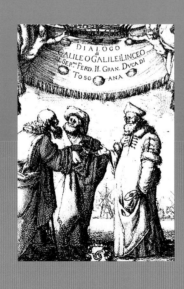

The front cover of Galileo's book *The Dialogue*.

La cubierta del libro de Galileo titulado *Diálogo*.

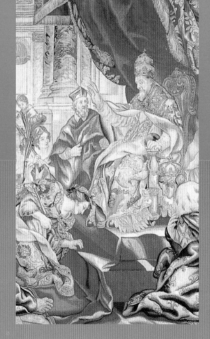

Pope Urban VIII was greatly admired by many people of the Catholic faith.

Muchas personas de la fe católica admiraban al papa Urbano VIII.

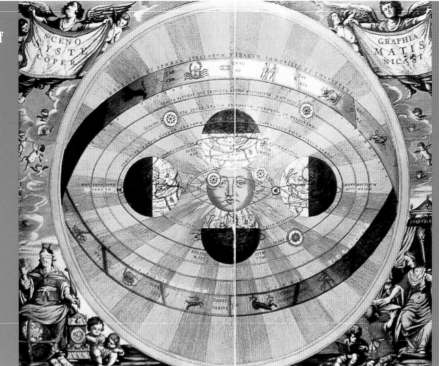

This picture shows Copernicus's view of the universe. The picture shows the Sun at the center of the universe.

Esta imagen representa la visión de Copérnico del universo. La imagen muestra que el Sol está situado en el centro del universo.

ple by forbidding them to teach ideas that were not in the Bible. The church believed that the ideas of Aristotle agreed with the Bible. Aristotle was a philosopher from ancient Greece. A philosopher is a great thinker. The thoughts of Aristotle were over 2,000 years old.

The church set up the Inquisition to make sure that people taught ideas that supported Aristotle and the Bible. The Inquisition was a group of church leaders. It was their job to make sure that books agreed with Aristotle and the Bible. It was also their job to punish anyone who wrote books that disagreed with what the church said was true. If anyone taught that Aristotle was wrong, the church thought they were teaching that the Bible was

que se enseñaran ideas que no se encontraban en la Biblia. La Iglesia creía que las ideas de Aristóteles coincidían con las de la Biblia. Aristóteles fue un filósofo de la antigua Grecia. Un filósofo es un gran pensador. Las ideas de Aristóteles tenían más de 2.000 años.

La Iglesia organizó la Inquisición para asegurar que se enseñaran ideas que apoyaban a Aristóteles y a la Biblia. La Inquisición consistía en un grupo de líderes de la Iglesia. Se encargaban de asegurar que los libros coincidieran con Aristóteles y la Biblia. Además, se encargaban de castigar a cualquier persona que escribiera libros en desacuerdo con lo que la Iglesia había declarado como verdad. Si alguien enseñaba que Aristóteles se había

This picture was made from a model of the philosopher Aristotle. Aristotle is believed to be one of the greatest thinkers in history, even though many of his ideas were wrong. Before Galileo's time, people had considered all of Aristotle's ideas right for nearly 2,000 years.

Esta imagen se hizo de un modelo del filósofo Aristóteles. Se cree que Aristóteles fue uno de los más brillantes pensadores de la historia, aunque muchas ideas suyas eran incorrectas. Antes del tiempo de Galileo, durante casi 2,000 años se consideraban correctas todas las ideas de Aristóteles.

wrong too.

Aristotle was born a long time ago. He was born in 384 B.C. In the 2,000 years since Aristotle lived, scientists had learned a lot about the universe. A lot of Aristotle's ideas were right, but science proved that a lot of them were wrong too.

One of the things Aristotle believed was that Earth was in a separate place from the Sun, the Moon, and the other planets. He believed that Earth did not move and that the Sun, the Moon, and the planets moved around Earth. This idea was wrong, but it seemed to agree with the Bible. According to the Bible, all creation took place on Earth. To the church, it made sense that the Earth was at the center of the universe.

Conflict

Galileo knew that science could prove that Copernicus was right and that Earth was not at the center of the universe. But Galileo was a brave man for disagreeing with Aristotle. By doing so, he risked his life by angering

equivocado, la Iglesia creía que esa persona enseñaba que la Biblia también estaba equivocada.

Aristóteles nació hace muchísimo tiempo. Nació en 384 a. de C. Durante los 2.000 años después de Aristóteles, los científicos habían aprendido mucho acerca del universo. Algunas ideas de Aristóteles eran correctas, pero los científicos habían demostrado que muchas otras eran incorrectas.

Aristóteles creía que la Tierra estaba situada en un lugar aparte del Sol, la Luna y los otros planetas. Creía que la Tierra no se movía y que el Sol, la Luna y los otros planetas orbitaban alrededor de la Tierra. Esta idea estaba equivocada, pero parecía coincidir con la Biblia. Según la Biblia, toda la Creación tuvo lugar en la Tierra. A la Iglesia le parecía lógico que la Tierra estuviera situada en el centro del universo.

Conflicto

Galileo sabía que la ciencia podía demostrar que Copérnico tenía razón y que la Tierra no estaba situada en el centro del universo. Pero Galileo fue valiente por declararse en desacuerdo con Aristóteles. Al hacerlo, enojó a la Iglesia y arriesgó su vida. Pero al

the church. But he also helped move science forward. He corrected an idea that science had proved to be wrong. If Galileo had not made the truth known, people would have continued to believe that Earth was at the center of the universe for a long time to come.

Galileo's Views

Galileo Galilei was born on February 15, 1564, in Pisa, Italy. He was the oldest child of Vincenzio and Giulia Galilei. Galileo's father was a famous musician. Galileo also became a musician. When he was very young, he learned to play the lute, an instrument much like a guitar.

Galileo's father was known for having ideas of his own. He argued with people who would not accept new ideas, even if those ideas could be proven right. Galileo was a lot like his father in this way. He did not hesitate to fight for ideas that he believed in.

About 100 years before Galileo was born, an era called the Renaissance began. The term Renaissance means rebirth or reawakening. The Renaissance was a time when people were

mismo tiempo ayudó en el avance de la ciencia. Corrigió una idea que la ciencia había demostrado equivocada. Si Galileo no hubiera dado a conocer la verdad, la gente habría seguido creyendo, durante muchos años, que la Tierra estaba situada en el centro del universo.

Los puntos de vista de Galileo

Galileo Galilei nació el 15 de febrero de 1564 en Pisa, Italia. Era el hijo mayor de Vincenzio y Giulia Galilei. El padre de Galileo era un músico famoso. Galileo se hizo músico también. A temprana edad, aprendió a tocar el laúd, un instrumento muy parecido a la guitarra.

El padre de Galileo era conocido como alguien que no se dejaba influenciar por lo que pensara la gente. Discutía con personas que rechazaban nuevas ideas, aunque esas ideas podían probarse correctas. A este respecto Galileo se parecía a su padre. No vacilaba en luchar por las ideas en las que creía.

Unos 100 años antes de que naciera Galileo, comenzó una época llamada el Renacimiento. El término renacimiento quiere decir volver a nacer o un nuevo despertar. El Re-

Galileo was born in this house in Pisa on February 15, 1564.

Galileo nacío en esta casa en Pisa el 15 de febrero de 1564.

awakening to new ideas in the arts and sciences. During this time, printing methods were improved. A lot of new books were being printed and sold. This made it easier to make ideas and discoveries about science known.

During the Renaissance, people were eager to hear new ideas. They wanted to hear new ideas about art, and they wanted to hear new ideas about Earth and the universe. This was a good time for Galileo to be growing up. He had a lot of new ideas, and he made a lot of discoveries. Then he wrote books about his ideas and discoveries. At the time, Galileo did more than any other scientist to push science into a new age.

The Renaissance

Galileo was taught at home until he was eleven years old. He had a lot of energy and he loved to explore. Often, he wandered through the countryside to see what he could learn. Home schooling worked well for Galileo. His father liked it too. Galileo's father did not trust the schools to teach his son. He wanted his son to have ideas of his own. He did not want him to accept everything he was taught without question.

In 1575, Galileo's family moved to Florence. Florence is a large city in Italy, east of Pisa. In Florence, there were more people who were eager to accept the ideas of the

nacimiento era una época en que se despertó en la gente un interés en nuevas ideas en las artes y ciencias. En esa época se perfeccionaron métodos de impresión. Se imprimían y vendían muchos libros nuevos. Esto facilitó que se dieran a conocer ideas y descubrimientos científicos.

Durante el Renacimiento muchas personas deseaban conocer nuevas ideas. Deseaban conocer nuevas ideas sobre el arte, y deseaban conocer nuevas ideas sobre la Tierra y el universo. Galileo creció en una buena época. Él tenía muchas nuevas ideas y hacía muchos descubrimientos. Más tarde escribiría libros acerca de sus ideas y descubrimientos. Durante este tiempo Galileo hizo más que cualquier otro científico para impulsar a la ciencia a una nueva época.

El Renacimiento

Hasta los once años, a Galileo lo educaron en casa. Tenía mucha energía y le encantaba explorar. A menudo daba paseos por el campo para ver qué podía aprender. Estudiar en su casa le gustaba. Su padre también prefería esto. Su padre no se fiaba de que las escuelas pudieran educar a su hijo. Quería que su hijo pensara por sí mismo. No quería que aceptara todo lo que le enseñaran sin cuestionarlo.

En 1575 la familia de Galileo se mudó a Florencia, una ciudad grande en Italia al este de Pisa. En Florencia había más personas que querían aceptar las ideas del Renacimiento. Hoy día muchos creen que el Renacimiento tuvo su

Right: Italian glass makers of the Renaissance were some of the country's greatest artists. Glasswork such as this is one example of Renaissance art.

Below: This is a painting of Florence by an artist named Giorgio Vasari. It was painted about the time Galileo's family moved to Florence in 1575. The painting shows a large city with forts and a wall around it for protection. It shows the Arno River inside the wall, and many homes and buildings outside the wall.

Izquierda: Los vidrieros italianos del Renacimiento figuraban entre los mejores artistas del país. Objetos de vidrio como éstos son ejemplos del arte del Renacimiento.

Abajo: El artista Giorgio Vasari pintó este cuadro de Florencia. Lo pintó más o menos al mismo tiempo en que la familia de Galileo se mudó a Florencia en 1575. El cuadro muestra una ciudad grande con fortalezas y una muralla alrededor para protegerla. Se ven el río Arno dentro de la muralla y muchas casas y edificios fuera de la muralla.

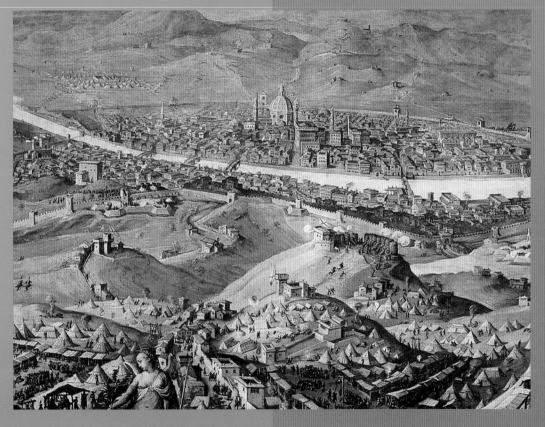

Between 1581 and 1585, Galileo went to the university in his childhood town of Pisa. (pictured)

Entre 1581 y 1585 Galileo asistió a la universidad en su pueblo natal de Pisa. (ilustrado)

Renaissance. Many people today believe that Florence is where the Renaissance began.

At this time, Galileo's father decided to send his son to school. He went to a monastery school for a while. A monastery school is run by the Catholic Church. Then Galileo went to a school in Florence. At the age of seventeen, he started college at the University of Pisa.

Galileo argued with his father about what kind of career he should have. Galileo's father wanted him to study medicine. Galileo followed his father's wishes, but he wanted to study the arts. Galileo was an excellent musician, painter, and writer.

In his first year at Pisa, however, Galileo became interested in mathematics. One of his teachers saw that he was very good at this subject. His teacher encouraged him to study mathematics instead of medicine.

origen en Florencia.

Por entonces, el padre de Galileo decidió mandar a su hijo a la escuela. Durante un tiempo Galileo asistió a la escuela de un monasterio. Las escuelas de los monasterios estaban bajo la dirección de la Iglesia Católica. Después Galileo asistió a una escuela en Florencia. A los diecisiete años empezó sus estudios en la Universidad de Pisa.

Galileo discutió con su padre sobre su carrera. El padre quería que su hijo estudiara medicina. Galileo cumplió el deseo de su padre, pero quería estudiar las artes. Galileo fue un excelente músico, pintor y escritor.

En su primer año en Pisa, sin embargo, Galileo se interesó por las matemáticas. Uno de sus profesores reconoció su talento para esta materia. El profesor lo alentó a estudiar matemáticas en lugar de medicina.

The Wrangler

Galileo was a good student. He was well liked and respected, and he was excellent at both math and science. But he also had strong opinions about science. He became known for arguing to prove his point. He argued so much, in fact, that he got himself the nickname "The Wrangler."

Galileo's main argument was that it was important to question Aristotle and some of the other Greek thinkers. Galileo believed that if the early Greeks were never questioned, it would be impossible to make new discoveries.

Aristotle used reasoning to figure things out. He did not do experiments. Galileo knew that it was necessary to do scientific experiments. That was the only way to prove whether someone's reasoning was right or wrong.

The Pendulum Swing

Galileo was a smart man, and he knew he had to be very careful when he argued against Aristotle. He had to be careful to only suggest that things were different than Aristotle had said. He could not come right out and say that Aristotle was wrong. Galileo was Catholic himself, and he knew what could happen if he angered the church.

While at the University of Pisa, however, Galileo began to do experiments. His experiments led to important discoveries. He made his first important discovery while he was sitting in church. Galileo happened to look up

El discutidor

Galileo era buen alumno. Era querido y respetado, y sobresalía tanto en las matemáticas como en las ciencias. Pero a la misma vez tenía firmes opiniones relativas a las ciencias. Se hizo conocido por discutir para demostrar que tenía razón. Discutía tanto que, de hecho, le dieron el apodo El discutidor.

Su argumento principal trataba de lo importante que era cuestionar las ideas de Aristóteles y de algunos otros pensadores griegos. Galileo creía que si nunca se cuestionaba a los antiguos griegos sería imposible hacer nuevos descubrimientos.

Aristóteles había usado el razonamiento para entender cosas. No había hecho experimentos. Galileo sabía que era necesario realizar experimentos científicos. Era la única manera de demostrar si el razonamiento de alguien era correcto o equivocado.

La oscilación del péndulo

Galileo era inteligente. Sabía que debía tener mucho cuidado al presentar sus argumentos en contra de Aristóteles. Debía tener cuidado de solamente sugerir que las cosas diferían de lo que había dicho Aristóteles. No podía decir claramente que Aristóteles se había equivocado. Galileo era católico y sabía lo que le podía suceder si molestaba a la Iglesia.

Sin embargo, mientras Galileo era alumno de la Universidad de Pisa, empezó a realizar experimentos. Sus experimentos llevaron a descubrimientos importantes. Hizo su primer descubrimiento

In 1583, Galileo made his first important discovery while watching a swinging lamp in church.

En 1583 Galileo hizo su primer descubrimiento importante mientras observaba una lámpara que oscilaba en una iglesia.

from where he was sitting and notice a swinging lamp.

Galileo had seen objects swinging many times before, but suddenly he saw something he had never noticed before. Sometimes, the distance the lamp swung would be shorter. Sometimes it would be longer. But no matter how far the lamp swung, it always seemed to take the same amount of time to complete one swing.

Galileo decided to time the swings to see if he was right. He did not have a clock to measure the time, because clocks had not yet been invented. To time the swings, Galileo used his own pulse. He often used his own pulse to do experiments at the university. As Galileo timed the swings of the lamp, he found that he was right. No matter how far the lamp swung, it always took the same amount of time to go from one end of the path to the other.

Galileo was excited about what he had learned. After church, he went back to the university and made copies of the swinging lamps he had seen in church. To do this, he attached weights to pieces of string. Again, he timed the swings with his pulse. He saw again that he was right. Galileo had discovered a simple law of motion. He could then use that simple law and apply it to other swinging objects. A swinging object that worked according to this law became known as a pendulum.

importante sentado en una iglesia. Acertó a mirar hacia arriba y vio una lámpara que oscilaba.

En muchas otras ocasiones Galileo había visto objetos que oscilaban. Pero de repente vio algo que nunca había notado. A veces la distancia recorrida por la lámpara oscilante era más corta, otras veces más larga. Pero cualquiera que fuese la distancia recorrida, el tiempo que la lámpara tardaba en hacer una oscilación completa era siempre el mismo.

Galileo decidió calcular la duración de las oscilaciones para ver si tenía razón. No tenía reloj para medir el tiempo porque los relojes aún no se habían inventado. Para calcular la duración, Galileo usó su propio pulso. Tenía la costumbre de usar su propio pulso cuando hacía experimentos en la universidad. Al calcular la duración de las oscilaciones de la lámpara, descubrió que estaba acertado. Cualquiera que fuese la distancia recorrida por la lámpara, el tiempo que tardaba en completar una oscilación de ida y vuelta era siempre el mismo.

Galileo se emocionó con su descubrimiento. Al salir de la iglesia, regresó a la unversidad e hizo copias de la lámpara oscilante que había visto en la iglesia. Para hacerlas ató hilos a pesas. Otra vez calculó la duración de las oscilaciones usando su pulso. Otra vez supo que estaba acertado. Galileo había descubierto una sencilla ley de movimiento. Luego podría aplicar esa sencilla ley a otros objetos oscilantes. Con el tiempo, un objeto oscilante que funcionaba conforme a esta ley se llamó péndulo.

The First Clocks

After Galileo discovered the pendulum, he decided to make more of them. He made pendulums with long strings and some with short strings. He used weights, or "bobs," in different shapes and sizes. As Galileo watched the pendulums swing, he looked for patterns. Very soon, a number of simple laws became obvious.

First, Galileo learned that the weight of the bob did not change the length of the swing. Then, he learned that the length of the string did change the length of the swing. Galileo could not explain why this was true. In fact, no one could explain it for about a hundred years.

Los primeros relojes

Después de descubrir el péndulo, Galileo decidió hacer más de ellos. Hizo algunos con hilos largos y otros con hilos cortos. Usó pesas de diferentes formas y tamaños. Al observar las oscilaciones de los péndulos, buscaba patrones. Muy pronto se hicieron obvias algunas sencillas leyes.

Primero, Galileo se dio cuenta de que el peso de la pesa no cambiaba la magnitud de la oscilación. Luego, se dio cuenta de que la longitud del hilo sí cambiaba la magnitud de la oscilación. Galileo no pudo explicar por qué. En realidad nadie pudo explicarlo por unos cien años. Pero Galileo se dio cuenta de lo im-

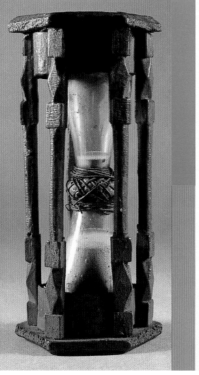

The sandglass was one of the only ways to measure time before Galileo's discoveries.

Antes de los descubrimientos de Galileo, el reloj de arena era una de las pocas maneras de medir el tiempo.

This photograph shows the workings of a pendulum clock. Galileo designed a pendulum clock late in his life.

Esta foto representa el mecanismo de un reloj de péndulo. Galileo diseñó un reloj de péndulo en la última parte de su vida.

But Galileo knew what he learned was important. He could use pendulums to make a clock. He had always wished there were an object that could keep time over short periods. Up until this time using his pulse was the most correct way to measure short periods of time.

The End of Student Life

In 1585, Galileo was twenty-one years old. He left the university to move close to Florence, where he could live near his family and find work. Galileo was great at math and science. He had gained a lot of experience at the university. He was also very friendly. In Florence, he made friends with many rich families who paid him to

portante que era su descubrimiento. Podía usar péndulos para fabricar un reloj. Siempre había deseado que existiera un objeto que pudiera marcar el tiempo por breves lapsos de tiempo. Hasta ese momento, usar el pulso era la manera más adecuada de medir breves lapsos de tiempo.

Fin de la vida universitaria

En 1585 Galileo tenía veintiún años. Dejó sus estudios en la universidad para mudarse a un lugar más cercano a Florencia, donde podría vivir cerca de su familia y buscar trabajo. Galileo sobresalía en matemáticas y ciencias. Había obtenido mucha experiencia en la universidad. También era muy simpático. En Florencia hizo

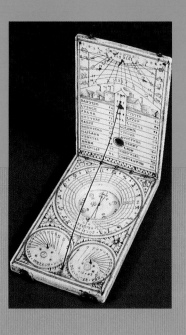

This is a picture of a sundial. Long before Galileo, sundials helped people tell time by watching the Sun's shadow.

Esta imagen representa un reloj de sol. Muchos años antes de Galileo, los relojes de sol ayudaban a la gente a marcar el tiempo observando la sombra del Sol.

This photograph shows one of the world's earliest clocks. It was based on Galileo's ideas. The clock was built about fifty years after Galileo died.

Esta foto representa uno de los primeros relojes del mundo. Fue basado en las ideas de Galileo. Fue construido unos cincuenta años después que murió Galileo.

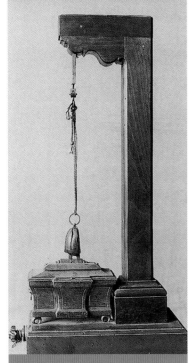

This is the pendulum Galileo used in his experiments. He conducted his experiments with pendulums after seeing a swinging lamp in church.

Éste es el péndulo que Galileo usó en sus experimentos. Realizó sus experimentos con péndulos después de haber observado una lámpara que oscilaba en una iglesia.

teach science to their children.

Galileo made money teaching science to children, but in his spare time he did experiments. Soon, he became very well known in Florence.

The Storyteller

While Galileo lived and worked near Florence, he wrote his first book. It was a textbook on physics, which is a special kind of mathematics. In Galileo's book, he described the experiments he was doing. Scientists who read Galileo's book found it very interesting. Galileo had some great ideas. Scientists learned that Galileo had some very interesting ideas on how to improve the ideas of a Greek thinker named Archimedes.

Archimedes was known as the best scientist in ancient Greece. He lived 100 years after Aristotle. Archimedes became famous for one discovery in particular. He discovered that when a solid object is put into a gas or a liquid, the weight of the object is the same as the weight of the gas or liquid it replaces.

amistades con muchas familias adineradas que le pagaban por enseñar ciencias a sus hijos.

Galileo ganó dinero enseñando ciencias a niños, pero en su tiempo libre realizó experimentos. Pronto se volvió muy conocido en Florencia.

El cuentista

Mientras Galileo vivía y trabajaba cerca de Florencia, escribió su primer libro. Fue un libro de texto que trató de la física, la cual es una rama especial de las matemáticas. En el libro describió los experimentos que realizaba. Los científicos que leyeron su libro lo consideraron interesante. Galileo tenía unas ideas maravillosas. Los científicos supieron que Galileo tenía ideas muy interesantes acerca de cómo perfeccionar las ideas de un pensador griego llamado Arquímedes.

Arquímedes era considerado como el mejor científico de la antigua Grecia. Había vivido 100 años después de Aristóteles. Arquímedes se hizo famoso con un descubrimiento en específico. Descubrió que, cuando se coloca un objeto sólido en un gas o líquido, el peso del objeto equivale el peso del gas o líquido que éste desplaza.

There is a legend about how Archimedes made this discovery. According to the legend, King Heiron of Greece had asked a goldsmith to make him a new gold crown. The goldsmith made the crown, but the king did not believe it was made of real gold. The king asked Archimedes to find out the truth.

Archimedes realized that if the crown were not made of gold, its metal would have a different density than gold. The density of an object shows how much material is packed into a certain space. The more material that is packed in a space, the more dense the object is.

Archimedes knew that to find the density of the crown, he had to know both its weight and how much space it took up. This meant that he had to know both the mass of the crown and the volume. Finding the mass of the crown would be easy. Archimedes would simply have to weigh it. To find the volume, however, he would have to pound it into a cube or a ball.

Of course, the king did not want Archimedes to pound his crown into a cube or a ball. So instead, Archimedes placed the crown in a pot of water. He then placed a block of gold that weighed the same as the crown in the same amount of water. If the same amount of water was moved out of each pot once the objects were put inside the pots, the metal of the two objects would be the same.

As it turned out, however, the amount of water that came out of the pots was not the same. This could only mean that the crown

Hay una leyenda sobre este descubrimiento de Arquímedes. Según la leyenda, el rey Heiron de Grecia le había pedido a un orfebre que le fabricara otra corona de oro. El orfebre fabricó la corona pero el rey dudaba que fuera de oro verdadero. El rey le pidió a Arquímedes que determinara si era de oro.

Arquímedes se dio cuenta de que si la corona no era de oro, su metal tendría otra densidad que la de oro. La densidad de un objeto indica cuánta materia ocupa un espacio específico. Cuanto más materia ocupa un espacio, más denso es el objeto.

Arquímedes sabía que para determinar la densidad de la corona tenía que saber cuánto pesaba y cuánto espacio ocupaba. Es decir, tenía que saber la masa y el volumen de la corona. Sería fácil determinar la masa de la corona. Arquímedes simplemente podía pesarla. Pero para determinar su volumen tenía que martillarla para darle la forma de un cubo o bola.

Claro que el rey no quería que Arquímedes martillara la corona. Por lo tanto, Arquímedes colocó la corona en una olla llena de agua. Luego colocó un bloque de oro que tenía el mismo peso que el de la corona, en la misma cantidad de agua. Si salía la misma cantidad de agua de cada olla al colocar los objetos en ellas, el metal de los dos objetos era el mismo.

Resultó, sin embargo, que la cantidad de agua que salió de las ollas no fue igual. Esto indicó que la corona no era de oro verdadero. Al rey lo habían engañado. Galileo usó este cuento

Archimedes was a great scientist from ancient Greece. According to legend, Archimedes learned about density when he saw the water level in his bath get higher as he got into it.

Arquímedes fue un brillante científico de la antigua Grecia. Según una leyenda, descubrió la densidad cuando vio subir el nivel del agua en su bañera al meterse en ella.

was not made of real gold. The king had been tricked. Galileo used this story to explain Archimedes' discovery. From then on Galileo used stories to describe his own discoveries. Sometimes he would tell funny stories. Many people liked Galileo's funny stories, but many others believed that he went too far in trying to be funny. These people thought his humor was more like heresy. Still, Galileo's humor was very popular. By being funny, Galileo helped people understand science a lot better.

Pisa Again

Around this time, Galileo met the Marquis del Monte. The marquis was a very rich and important man. He thought Galileo was a great scientist. The marquis helped Galileo get a job

para explicar el descubrimiento de Arquímedes. De ese momento en adelante, Galileo usó cuentos para describir sus propios descubrimientos. En algunos casos contaba cuentos chistosos. A muchas personas les gustaban los cuentos de Galileo, pero muchas otras creían que sus esfuerzos para ser gracioso eran demasiado. Estas personas creían que su humor se acercaba a la herejía. Sin embargo, el humor de Galileo era muy popular. Al ser gracioso Galileo ayudaba a la gente a comprender mejor las ciencias.

Regreso a Pisa

En esa época Galileo conoció al marqués del Monte. El marqués era un hombre muy rico e importante. Pensaba que Galileo era un científico brillante. El marqués ayudó a Galileo a encontrar

teaching mathematics at the University of Pisa.

In 1589, Galileo moved back to Pisa to begin his new career. The job paid poorly, but it paid more than Galileo made teaching students on his own.

Galileo was twenty-five years old at the time, and he continued to argue against Aristotle. He had done this as a student at Pisa, but now that he was a teacher, his arguments got him in trouble.

Most of the other teachers at the university supported Aristotle's science. This made Galileo very angry. He knew that Aristotle was wrong about a lot of things. For one thing, Galileo knew Aristotle was wrong about what happened to objects when they fell from a resting position.

Aristotle had said that objects of different weights fell at different speeds. Galileo knew this was wrong. Galileo believed that all objects fell at the same speed no matter how much they weighed. Other scientists had said the

trabajo enseñando matemáticas en la Universidad de Pisa.

En 1589 Galileo se mudó de regreso a Pisa para empezar su nuevo trabajo. El dinero que recibía por su trabajo era poco, pero más que el que había ganado dando clases particulares.

Galileo tenía veinticinco años en aquel entonces, y seguía presentando sus argumentos en contra de Aristóteles. Lo había hecho cuando era alumno en Pisa. Pero ahora era profesor, y sus argumentos lo metieron en problemas.

La mayoría de los profesores de la universidad apoyaban las ideas científicas de Aristóteles. Esto provocó el enojo de Galileo. Sabía que Aristóteles se había equivocado con muchas cosas. En primer lugar, Galileo sabía que Aristóteles se había equivocado con lo que sucede a los objetos cuando caen desde una posición en reposo.

Aristóteles había dicho que los objetos de distintos pesos caen a distintas velocidades. Galileo sabía que esta idea era errónea. Galileo creía que todo objeto caía a la misma velocidad, sin importar su peso. Otros científicos habían dicho lo

> 66 I am sure that if Aristotle should return to Earth, he would . . . accept me among his followers [in spite of our few differences]. 99
>
> —Galileo

> 66 Estoy seguro de que si Aristóteles volviera a la Tierra, . . . me admitiría entre sus seguidores [a pesar de nuestras pocas diferencias]. 99
>
> —Galileo

Builders began work on the Leaning Tower of Pisa in 1173. Shortly after they started building, the tower began to lean. It continues to lean to this day.

La construcción de la Torre Inclinada comenzó en 1173. Poco después la torre empezó a inclinarse. Hoy día sigue inclinándose.

same thing, but Galileo set out to prove it.

The Leaning Tower of Pisa

Galileo's experiment at the Leaning Tower of Pisa is probably his most famous experiment ever. He did this experiment in 1591. One reason the experiment was famous was because the tower itself was famous. It was famous for leaning, and it attracted visitors from all over the world.

In 1591, Galileo climbed to the top of the Leaning Tower in Pisa. Many university teachers and a lot of other people were watching him. Galileo climbed the steps in the steep winding staircase. He took with him two assistants and two cannonballs of different weights.

When he reached the top, Galileo felt dizzy. Then he told his assistants to drop the balls. The assistants let go of the balls at the very same instant. They fell through the air, and they reached the ground at almost the same time.

Galileo's experiment had proved that he was right and that objects

mismo, pero Galileo se propuso demostrarlo.

La Torre Inclinada de Pisa

Es probable que el experimento de Galileo en la Torre Inclinada de Pisa sea el más famoso. Lo realizó en 1591. Una razón por su fama fue el hecho de que la torre en sí era famosa. Era famosa porque se inclinaba, y esto atraía a visitantes de todas partes del mundo.

En 1591 Galileo subió a la parte más alta de la Torre Inclinada de Pisa. Lo observaban muchos profesores de la universidad y muchas otras personas. Galileo subió la empinada escalera de caracol. Lo acompañaban dos ayudantes con dos balas de cañón de distintos pesos.

Al llegar a la parte más alta de la torre, Galileo se sintió mareado. Luego dijo a sus ayudantes que dejaran caer las balas. Los ayudantes las dejaron caer en el mismo instante. Las dos balas cayeron y alcanzaron el suelo casi al mismo tiempo.

El experimento de Galileo había demostrado que tenía

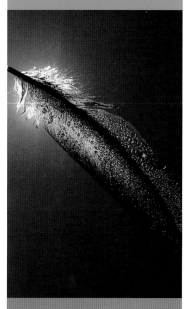

If Galileo had used a lead weight and a feather in his famous experiment, the lead weight would have landed long before the feather. This is because the force of the air is stronger than the force of the feather.

Si Galileo hubiera usado una pesa de plomo y una pluma en su famoso experimento, la pesa de plomo habría llegado al suelo mucho antes que la pluma. Esto se debe a que la fuerza del aire es más fuerte que la fuerza de la pluma.

A scientist named Robert Boyle removed the air from inside this glass jar. Then, a glass weight and a feather took the same time to fall the height of the jar.

Un científico llamado Robert Boyle le quitó el aire a este frasco de vidrio. Luego, un objeto de vidrio y una pluma tardaron el mismo tiempo en caer desde la parte de arriba del frasco.

of different weights did fall at the same speed. Galileo had proved to everyone that Aristotle was wrong.

Farewell to Pisa

Fifty years after the experiment, an Irish scientist named Robert Boyle also proved that Galileo was right. But when Galileo had climbed the tower, the world was not ready to question Aristotle. Galileo lost his job at the university shortly after the experiment. He lost his father that same year, and he faced rough times ahead.

Luckily, the Marquis del Monte, Galileo's old friend, helped him out a second time. This time, the Marquis helped Galileo get a job at the University of Padua. In 1592, Galileo moved to Padua and started teaching again. This time, he was making enough money to support his mother, brothers, and sisters.

Padua

The University of Padua was a good place for Galileo. There were a lot of people at the university who accepted new ideas.

razón y que objetos de distintos pesos caían con la misma velocidad. Galileo había demostrado a todo el mundo que Aristóteles se había equivocado.

Adiós a Pisa

Cincuenta años después del experimento, Robert Boyle, un científico irlandés, también demostró que Galileo estaba acertado. Pero cuando Galileo había subido a la torre, el mundo no estaba listo para cuestionar las ideas de Aristóteles. Poco después del experimento, a Galileo lo despidieron de la universidad. Perdió a su padre ese mismo año, y le esperaba un período difícil.

Afortunadamente, el marqués del Monte, el viejo amigo de Galileo, lo ayudó otra vez. En esta ocasión el marqués ayudó a Galileo a conseguir trabajo en la Universidad de Padua. En 1592 Galileo se mudó a Padua y volvió a enseñar. Esta vez ganaba suficiente dinero como para mantener a su madre y sus hermanos.

Padua

La Universidad de Padua era buen lugar para Galileo. Había muchas personas en la universidad que aceptaban nuevas ideas. Para entonces,

Galileo moved to the city of Padua in 1592. He began teaching math at the University of Padua.

Galileo se mudó a la ciudad de Padua en 1592. Comenzó a enseñar matemáticas en la Universidad de Padua.

Galileo made many of his greatest discoveries while at the University of Padua.

Galileo hizo muchos de sus más importantes descubrimientos mientras enseñaba en la Universidad de Padua.

By this time, Galileo had become known for having new ideas. Even though he spoke out against Aristotle, the people in Padua accepted him.

Galileo made friends in Padua quickly. He made good friends with a man named Gianvincenzo Pinelli. Pinelli was rich and eager to learn. He had a very large house and his own library that was one of the best libraries in all of Europe.

Galileo's friendship with Pinelli was very important to him. Galileo met many other friends through Pinelli who would be important in his life later on. As it turned out, many of these friends became leaders of the Inquisition. Though it made little difference in the end, these people admired Galileo. When

Galileo era conocido por tener nuevas ideas. Aunque criticaba a Aristóteles, la gente de Padua lo aceptó.

En poco tiempo, Galileo hizo amistades en Padua. Hizo una fuerte amistad con un hombre llamado Gianvincenzo Pinelli. Pinelli tenía dinero y deseos de aprender. Tenía una casa grande y su propia biblioteca, que figuraba entre las mejores de toda Europa.

A Galileo le importaba mucho su amistad con Pinelli. Galileo conoció a muchos otros amigos a través de Pinelli, quien sería de mucha importancia más tarde en la vida de Galileo. Resultó que muchos de estos amigos llegaron a ser líderes de la Inquisición. Aunque al final importó poco, estos hombres le tenían mucho aprecio a Galileo. Cuando Galileo se enfrentó a

Galileo faced the Inquisition, his friends tried to help him.

Happy Times

Galileo enjoyed working at the University of Padua. He made good money, but he still needed more money to support his family. Galileo continued to work at the university, but soon, he started teaching students on his own again also. This earned him enough money to buy a small house in the city.

During his time in Padua, Galileo met a woman named Marina Gamba. The two of them fell in love and began their life together. They had two daughters and a son.

Galileo was very happy at this time in his life. He was happy living with Marina and the children. He also did many experiments during this time and made many important discoveries. In 1610, however, Galileo and Marina parted ways. Marina and the children stayed in Padua, and Galileo moved on and continued his work.

Problems to Solve

Galileo was still interested in falling objects. He was still inter-

la Inquisición, sus amigos intentaron ayudarlo.

Momentos felices

A Galileo le agradaba su trabajo en la Universidad de Padua. Ganaba un buen salario, pero todavía necesitaba más dinero para mantener a su familia. Galileo seguía trabajando en la universidad, pero en poco tiempo también comenzó a dar clases particulares. Con esto pudo comprar una casita en la ciudad.

En Padua, Galileo conoció a una mujer llamada Marina Gamba. Se enamoraron y comenzaron una vida en común. Tuvieron dos hijas y un hijo.

Galileo estaba muy feliz en esa época de su vida. Se contentaba con vivir con Marina y sus hijos. Además, durante esa época realizó muchos experimentos e hizo muchos descubrimientos importantes. Sin embargo, en 1610 Galileo y Marina se separaron. Marina y los hijos se quedaron en Padua y Galileo se fue para trabajar en otro lugar.

Problemas por resolver

Galileo todavía estaba interesado en la caída libre de objetos. Tam-

> 66 Galileo thought that all he had to do was to show that Copernicus was right, and everybody would listen. That was [a] mistake. . . . 99
>
> —J. Bronowski, from *The Ascent of Man*

> 66 Galileo pensaba que la única cosa que tuvo que hacer fue demostrar la certeza de Copérnico, y luego todo el mundo estaría conforme. Esto fue [un] error. . . . 99
>
> —J. Bronowski, de *El ascenso del hombre*

ested in making clocks that could track time correctly. Galileo needed a clock in order to do experiments on falling objects.

People are often surprised that Galileo never did make a pendulum clock. It was a great idea, and no one knows for sure why he did not make one. Perhaps he wanted to spend more time on his experiments. Galileo had a lot of ideas. There were a lot of experiments he wanted to do.

Rolling, Not Falling

Galileo had a new idea for experimenting with falling objects. Instead of dropping balls and letting them fall, he decided to roll balls downhill. Galileo made a special chute, or an open tube, for this experiment. The balls took longer to reach the ground when they rolled down the chute, but their movement was easier to measure.

Galileo found a new way to measure the movement of the balls. He no longer used his pulse. For this experiment, Galileo used a large barrel of water. The barrel had a hole at the bottom.

Galileo set the barrel next to the chute. He placed an empty bucket under the barrel. Then he let the water from the barrel drip from the hole into the bucket. As the balls rolled down the chute, he measured the water that dripped into the bucket. These experiments led to the idea of acceleration. Acceleration explains why objects gain speed as they roll downhill.

bién le interesaba fabricar relojes que pudieran marcar el tiempo con exactitud. Necesitaba un reloj para poder realizar experimentos sobre la caída libre de objetos.

Es sorprendente que Galileo nunca fabricara un reloj de péndulo. Era una gran idea, y nadie sabe con seguridad por qué nunca lo hizo. Quizá quería dedicar más tiempo a sus experimentos. Galileo tenía muchísimas ideas. Había muchos experimentos por realizar.

Rodar en vez de caer

Galileo tuvo una nueva idea para sus experimentos sobre la caída libre de objetos. En vez de soltar bolas para que cayeran, decidió hacer rodarlas hacia abajo. Para este experimento Galileo fabricó un conducto inclinado—una especie de tubo grande y abierto. Las bolas tardaban más en alcanzar el suelo al rodar por el conducto, pero era más fácil medir su movimiento.

Galileo descubrió otra manera de medir el movimiento de las bolas. Dejó de usar el pulso. Para este experimento usó un barril grande lleno de agua. En el fondo del barril había un agujero.

Galileo colocó el barril al lado del conducto. Colocó una cubeta vacía debajo del barril. Luego dejó que el agua en el barril goteara por el agujero en la cubeta. A medida que las bolas rodaban por el conducto, él medía el agua que goteaba en la cubeta. Estos experimentos llevaron a la idea de la aceleración. La aceleración explica por qué un objeto gana velocidad al rodar hacia abajo.

This painting shows Galileo doing his acceleration experiment. Galileo is in the red robe, reading. The Leaning Tower of Pisa is in the background.

Este cuadro muestra Galileo haciendo su experimento sobre la aceleración. Galileo es el que lee, con una toga roja. Se ve en el fondo la Torre Inclinada de Pisa.

The Idea of Acceleration

When objects move at a constant speed, they cover equal distances in equal times. But Galileo did not believe that falling objects moved at a constant speed. He believed that they accelerated, or gained speed, as they fell.

To prove this, he did another experiment. He rolled a ball down the chute three times. The first time, he rolled the ball 8 feet (2.4 meters). It took two time units as measured by the dripping water. The second time, he rolled the ball 18 feet (5.5 meters). The ball took three time units to travel this distance. The third time, Galileo rolled the ball 32 feet (9.75 meters). This time, the ball took four time units to complete the roll. When he finished the experiment, Galileo saw a pattern.

La idea de la aceleración

Cuando los objetos se mueven a una velocidad constante, recorren distancias iguales en lapsos de tiempo iguales. Sin embargo, Galileo no creía que los objetos en caída libre se movieran a una velocidad constante. Creía que ellos aceleraban, o ganaban velocidad, al caer.

Para verificar esto, realizó otro experimento. Hizo rodar una bola tres veces por un conducto inclinado. La primera vez la bola recorrió 8 pies (2,4 metros). Tardó dos unidades de tiempo, según el método de medición del goteo de agua, en recorrer esta distancia. La segunda vez la bola recorrió 18 pies (5,5 metros). Tardó tres unidades de tiempo en recorrer esta distancia. La tercera vez la bola recorrió 32 pies (9,75 metros). Esta vez tardó cuatro unidades de tiempo en recorrer la distancia. Al terminar el experimento, Galileo percibió un patrón.

This drawing was made before Galileo was born. It shows how Aristotle's ideas were used during wars. Aristotle thought that a cannonball shot forward in a straight line, and then fell down toward the target in another straight line.

Este dibujo se hizo antes de que Galileo nació. Muestra que las ideas que Aristotle fueron usadas durante guerras. Aristotle pensó que una bala de cañón salía hacia adelante en una linea derecha y se caía hacia el blanco en otra linea derecha.

The difference in time units between the first and second experiment was 10 feet (3 meters). Yet the ball rolled the last 10 feet in the second experiment in the same time it took it to roll 8 feet in the first experiment. In the third experiment, the ball rolled 14 feet (4.2 meters) farther than in the second experiment. But the ball rolled this far in the same time it took it to roll 8 feet in the first experiment and 10 feet in the second. In other words, the farther the ball went, the greater its final speed.

By doing an experiment and watching for patterns, Galileo made a discovery once again. This time, he had proved his

Hubo una diferencia de unidades de tiempo de 10 pies (3 metros) entre el primer experimento y el segundo. Sin embargo, el tiempo que tardó la bola en recorrer los 10 últimos pies en el segundo experimento, fue igual al tiempo que tardó ésta en recorrer los 8 pies en el primer experimento. En el tercer experimento la bola recorrió 14 pies (4,2 metros) más que en el segundo experimento. Pero la bola recorrió esta distancia en el mismo tiempo que tardó en recorrer 8 pies en el primer experimento y 10 pies en el segundo. Es decir, cuanto más distancia recorría la bola, mayor era su velocidad final.

Al realizar un experimento e identificar patrones, Galileo había hecho otro descubrimiento. En esta ocasión había verificado su idea de la aceleración.

idea of acceleration. Objects gained speed as they fell. The only thing that changed the time it took for the objects to fall was distance. The weight of the object made no difference at all.

More Experiments, More Discoveries

Galileo described the details of his findings in notebooks. He sent a long letter describing his experiments to Paolo Sarpi. Paolo Sarpi was a scientist Galileo had met through his good friend Pinelli.

At this time, Galileo was still working at the university. He was also making money selling measuring tools to army leaders. By talking with these leaders, Galileo got interested in doing other experiments. He got interested in the science of rockets, cannonballs, and other objects that are shot through the air by force.

Up until this time, scientists believed that only one force could act on an object at any one instant. Galileo proved that this was not true. He proved this by doing a "thought experiment." Galileo simply asked scientists to think about something to prove his point.

Galileo asked scientists to think about a moving ship. Then he asked them to think about what would happen if a ball were dropped from the top of the ship's mast while the ship was moving. The ball would land at the base of the mast, not halfway along the ship's deck, Galileo pointed out.

Un objeto en caída libre ganaba velocidad. La distancia era la única cosa que cambiaba el tiempo que los objetos tardaban en caer. No lo afectaba en absoluto el peso de los objetos.

Más experimentos, más descubrimientos

Galileo describió en cuadernos los detalles de sus hallazgos. A Paolo Sarpi le envió una carta larga en la que describió sus experimentos. Paolo Sarpi era científico y Galileo lo había conocido a través de su buen amigo Pinelli.

En aquel entonces Galileo seguía trabajando en la universidad. También ganaba dinero vendiendo herramientas de medición a líderes militares. Al platicar con estos líderes, Galileo se interesó por realizar otros experimentos. Se interesó por la ciencia de cohetes, balas de cañón y otros objetos lanzados por el aire por fuerza.

Hasta ese momento, los científicos creían que una sola fuerza a la vez podía afectar a un objeto. Galileo verificó que esto no era cierto. Lo verificó realizando un "experimento de pensar". Para verificar su idea, Galileo simplemente pidió a algunos científicos que pensaran en algo.

Galileo pidió a los científicos que pensaran en un barco en movimiento. Luego les pidió que pensaran en lo que sucedería si se soltara una bola desde lo alto del mástil del barco con el barco en movimiento. Galileo señaló que la bola caería al pie del mástil, no a mitad de la cubierta

Top: This drawing shows cannonballs being used in wars. The drawing was made before Galileo was born.

Bottom: These two drawings show the cannonball's true path. Galileo wrote about the motion of cannonballs in *Two New Sciences*.

Arriba: Este dibujo muestra balas de cañón como se las usaba en guerras. Se hizo antes de que Galileo nació.

Abajo: Estos dos dibujos muestran la trayectoria real de la bala de cañón. Galileo escribió acerca del movimiento de las balas de cañón en *Dos nuevas ciencias*.

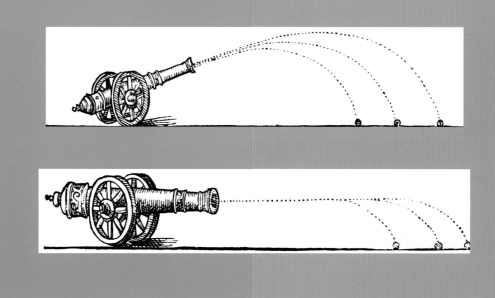

This meant that the ball was acted on both by the force of gravity as it fell and by the same forward motion of the ship.

It was clear that Galileo was right again. People had sailed the sea for thousands of years. They knew that what Galileo had just told them was true.

Cannonballs

Galileo used his findings to explain the motion of balls fired from a cannon. Galileo fired hundreds of balls from a cannon. The balls shot forward and then arched downward and fell to the ground. Aristotle had said that only one force could act on an object at any one instant. But the cannonballs were acted on both by gravity and by the force of the blasts inside the cannon.

Galileo was making quite a name for himself. Other scientists were beginning to accept his ideas. In 1597, a German scientist named Johannes Kepler wrote a book that supported Copernicus's view of the universe. Like Galileo, Kepler believed that the planets—including Earth—moved around the Sun.

del barco. Esto se debía a que afectaban la bola tanto la fuerza de la gravedad al caer, como el movimiento hacia adelante del barco.

Era obvio que otra vez Galileo estaba acertado. Por miles de años la gente había navegado los mares. Sabía que lo que Galileo acababa de decirles era cierto.

Balas de cañón

Galileo usó sus hallazgos para explicar el movimiento de balas disparadas de un cañón. Galileo disparó cientos de balas de cañón. Las balas salían hacia adelante y luego se arqueaban hacia abajo y caían al suelo. Aristóteles había dicho que una sola fuerza a la vez podía afectar a un objeto. Pero a las balas las habían afectado tanto la gravedad como la fuerza de la explosión dentro del cañón.

Galileo se estaba haciendo bien famoso. Otros científicos empezaron a reconocer sus ideas. En 1597 Johannes Kepler, un científico alemán, escribió un libro que apoyó los puntos de vista de Copérnico acerca del universo. Como Galileo, Kepler creía que los planetas—incluso la Tierra—orbitaban alrededor del Sol.

Johannes Kepler was a German scientist. Like Galileo, Kepler believed that the Sun was at the center of the universe.

Johannes Kepler era un científico alemán. Como Galileo, Kepler creía que el Sol estaba situado en el centro del universo.

This photograph of a supernova was taken in 1987. This supernova was the brightest supernova seen since Galileo spotted one 400 years earlier.

Esta foto de una supernova fue sacada en 1987. Esta supernova era la más luminosa que se había visto desde que Galileo observó una, 400 años antes.

Kepler sent Galileo a copy of his book. Galileo sent Kepler a letter to thank him and praise him for his work. But when Kepler asked Galileo to show support for the book in public, Galileo did not reply. Things were much different in Italy than they were in Germany. Germany was a long way from the Roman Catholic Church and its leaders in Rome. But Galileo was in Italy, and the church was right around the corner.

Supernova

Seven years later, in 1604, a rare event occurred. This event caused quite a stir among

Kepler envió a Galileo un ejemplar de su libro. A Kepler, Galileo le envió una carta para agradecerle y elogiarlo por su trabajo. Pero, cuando Kepler pidió a Galileo que diera su apoyo al libro en público, Galileo no le contestó. La situación de Italia y la de Alemania eran muy distintas. Alemania estaba lejos de la Iglesia Católica y sus líderes en Roma. Pero Galileo vivía en Italia, y la Iglesia estaba bien cerca.

Supernova

Siete años después, en 1604, ocurrió algo poco común. El acontecimiento causó mucha con-

scientists. A bright object appeared in the night sky. This object had never been seen in the sky before, and it was brighter than everything but the Moon.

Today scientists know that this object was a supernova. A supernova is an exploding star. Supernovas have only been seen a few times in history. In 1604, no one knew what caused them.

Aristotle had said that the universe never changed. But if this was true, how could a strange object appear suddenly in the sky? The supernova that appeared in 1604 got Galileo even more interested in exploring the universe and learning how it worked.

The Birth of the Telescope

In 1609, Galileo was forty-five years old. He went to visit his friend Paolo Sarpi in Venice. Sarpi told Galileo about a Dutchman named Hans Lipperhey. Lipperhey made eyeglasses for a living, but he had just invented an instrument he called a telescope.

Sarpi described the telescope

moción entre los científicos. Apareció un cuerpo luminoso en el cielo nocturno. Nunca antes se había visto este cuerpo, y brillaba más que todos los otros cuerpos excepto la Luna.

Hoy día los científicos saben que este cuerpo era una supernova. Una supernova es una estrella que estalla. Se han visto supernovas unas cuantas veces en la historia. En 1604 nadie sabía qué era lo que las causaba.

Aristóteles había dicho que el universo nunca cambiaba. Pero si esto era verdad, ¿cómo se explicaba la inesperada aparición de un cuerpo extraño en el cielo? La supernova que apareció en 1604 hizo que Galileo se interesara aún más en explorar el universo y entender cómo funcionaba.

El origen del telescopio

En 1609, Galileo tenía cuarenta y cinco años. Viajó a Venecia para visitar a su amigo Paolo Sarpi. Sarpi le contó a Galileo de un holandés llamado Hans Lipperhey. Lipperhey fabricaba anteojos para ganarse la vida, pero acababa de inventar un instrumento al que llamaba telescopio.

Sarpi le describió el telescopio a

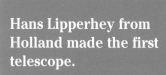

Hans Lipperhey from Holland made the first telescope.

Hans Lipperhey de Holanda elaboró el primer telescopio.

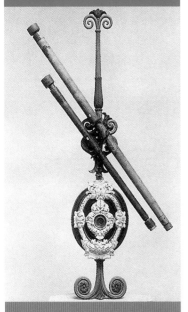

These telescopes were designed and built by Galileo. The larger telescope in the picture magnified objects fourteen times their normal size. The smaller telescope magnified objects 20 times their normal size.

Estos telescopios fueron diseñados y construidos por Galileo. El más grande magnificaba 14 veces el tamaño normal de los objetos. El más pequeño magnificaba 20 veces el tamaño normal de los objetos.

to Galileo. It was made by placing two lenses at opposite ends of a tube. A person could use the telescope by pointing it at a distant object. When the person looked through the lenses, the object appeared larger and much closer. The telescope could magnify objects in the sky that were far, far away.

Galileo was excited about the telescope. He rushed home to Padua to make a telescope of his own. Other scientists in Europe began to make telescopes too. The telescope Galileo made magnified objects the most and produced the clearest image.

An Opportunity

Galileo's telescope came just at the right time. In 1609, the doge of Venice, a great ruler in Italy, needed a telescope. Most telescopes of this time could magnify objects three times their size. But Galileo's telescope could magnify objects nine times.

The doge of Venice made Galileo an offer. In exchange for the telescope, the doge would give Galileo a lifelong job at the

Galileo. Lo habían construido colocando dos lentes en extremos opuestos de un tubo. Una persona lo usaba apuntándolo a un objeto lejano. Cuando la persona miraba por los lentes, el objeto aparecía más grande y más cercano. El telescopio podía magnificar cuerpos en el cielo que quedaban muy lejos.

Galileo se entusiasmó con el telescopio. A toda prisa regresó a Padua para hacer su propio telescopio. Otros científicos de Europa tambíen comenzaron a hacer telescopios. Entre todos estos telescopios el que construyó Galileo fue el mejor en magnificar objetos y producir imágenes más precisas.

Una oportunidad

Galileo construyó su telescopio en el momento oportuno. En 1609, el dux de Venecia, un gran soberano en Italia, necesitaba un telescopio. La mayoría de los telescopios de esta época tenían la capacidad de magnificar tres veces el tamaño normal de los objetos. Pero el de Galileo podía magnificar el tamaño nueve veces.

El dux de Venecia le hizo una propuesta a Galileo. A cambio del telescopio, el dux le daría un trabajo en

This painting shows Galileo showing his telescope to the doge of Venice.

Este cuadro muestra a Galileo mostrando su telescopio al dux de Venecia.

University of Padua. He would also give him a large pay raise.

Galileo gave this offer some thought. He was happy living in Padua, but he felt restless. He needed to live in a larger city. He needed to work at a larger university where he would have more support for his work.

Still, Galileo accepted the doge's offer. He gave the doge a telescope. But the job turned out to be much less than the doge had promised. Galileo decided to look for a new job. He showed his new telescope to the ruler of Florence, the Grand Duke Cosimo. Galileo hoped the grand duke would give him the job

la Universidad de Padua para toda la vida. También le daría un aumento grande en salario.

Galileo consideró la propuesta. Estaba contento viviendo en Padua, pero se sentía inquieto. Quería vivir en una ciudad más grande. Quería trabajar en una universidad más grande, en donde dieran más apoyo a su trabajo.

Sin embargo, Galileo aceptó la propuesta del dux. Dio al dux un telescopio. Pero el trabajo resultó ser mucho menos de lo que el dux le había prometido. Galileo decidió buscar otro trabajo. Mostró su nuevo telescopio al soberano de Venecia, el gran duque Cosimo. Galileo esperaba que el gran duque le diera el trabajo

of court mathematician.

When the grand duke saw the telescope, he was amazed. He could see that Galileo was a very talented scientist. Galileo got the job he wanted. He planned to move to Florence as soon as possible.

Watching the Moon and Planets

Meanwhile, back in Padua, Galileo continued to do experiments. First, he used his telescope to study the Moon. When he did, he found that Aristotle had been wrong once again. Aristotle had stated that the Moon was a perfect ball. But when Galileo looked at the Moon through his telescope, he saw that the moon had craters. There were many hollow areas that dipped into the surface of the Moon.

The more Galileo looked at the Moon, the more craters he found. Then he found that the Moon had mountains. Galileo measured the height of the mountains. He did this by measuring the shadows the mountains cast on the Moon's surface. Some of the Moon's mountains were taller than the mountains on Earth.

After studying the Moon, Galileo turned his telescope to the planets. In early 1610, he made one of his greatest discoveries ever. Night by night, Galileo saw black dots against the bright surface of the planet Jupiter. The strange thing was that these black dots were moving at a steady pace. Then one night, he

Observaciones de la Luna y los planetas

Entretanto, Galileo, de regreso en Padua, seguía con sus experimentos. Primero, usó su telescopio para estudiar la Luna. Al hacerlo, descubrió que Aristóteles había cometido otro error. Aristóteles había afirmado que la Luna era una esfera perfecta. Pero cuando Galileo observaba la Luna por medio de su telescopio, veía que en la Luna había cráteres. Había muchas áreas huecas que formaban hondonadas en la superficie de la Luna.

Cuanto más observaciones hacía Galileo de la Luna, más cráteres veía. Luego descubrió que también había montañas en la Luna. Galileo midió la altitud de las montañas. Lo hizo midiendo las sombras que proyectaban las montañas en la superficie lunar. Algunas de las montañas en la Luna eran más altas que las montañas en la Tierra.

Después de estudiar la Luna, Galileo apuntó su telescopio a los planetas. A principios de 1610, hizo uno de sus más importantes descubrimientos. Noche tras noche Galileo observaba puntos negros que se destacaban sobre la superficie luminosa de Júpiter. Le parecía raro que estos puntos negros se movieran a un paso constante. Luego,

These photographs of the moons of Jupiter were taken by the *Voyager* spacecraft. Galileo could only see four moons of Jupiter with his telescope. Today we know that Jupiter has at least twelve moons.

La nave espacial *Voyager* sacó estas fotos de las lunas de Júpiter. Galileo pudo ver sólo cuatro lunas de Júpiter con su telescopio. Hoy día se sabe que Júpiter tiene por lo menos doce lunas.

saw that some of the black dots had disappeared.

At first, Galileo could not understand what he saw. He thought there must be a problem with his telescope. Soon he learned that there were no problems with his telescope. This could only mean that Jupiter had moons that orbit around it in the same way our single moon orbits Earth.

Venus

Finally, in September of 1610, Galileo moved to Florence. There, he began working with his telescope again. Soon he made another important discovery. But this discovery pushed him into further trouble with the church.

Galileo began to watch the planet Venus. He watched Venus every night for several months. Soon, he realized that Venus went

una noche, vio que habían desaparecido algunos de los puntos negros.

Al principio Galileo no pudo entender lo que había visto. Pensaba que se debía a un problema relacionado con el telescopio. Pronto se dio cuenta de que no había ningún problema con el telescopio. La única explicación era que Júpiter tenía lunas que orbitaban alrededor de él, de la misma manera en que nuestra única Luna orbita alrededor de la Tierra.

Venus

Por fin, en septiembre de 1610, Galileo se mudó a Florencia y volvió a trabajar con su telescopio. Poco después hizo otro descubrimiento importante. Pero este descubrimiento lo llevó a más conflictos con la Iglesia.

Galileo empezó a observar el planeta Venus. Observó a Venus cada noche por muchos meses. Pronto se dio cuenta de que Venus cambiaba de aspecto, desde un círculo completo hasta casi desaparecer.

from looking like a full, round circle to nearly nothing. Like the Moon, Venus appeared to shrink and grow. As the Moon changes, it is said to go through phases. People have noticed the phases of the Moon since ancient times. Now it appeared that Venus too had phases. Galileo did not rest until he learned what this meant.

Like all planets and moons, our Moon does not make light on its own. It is light from the Sun that makes the Moon shine. So, as the Moon passes between Earth and the Sun, we cannot see the Moon. This is because the light landing on the Sun side of the Moon is facing away from us.

As the Moon moves around Earth, more light shines our way. As it does, we see more and more of the Moon. Soon, the Moon appears as a bright, full circle. We call this a full Moon. The Moon reflects the light from the Sun directly to Earth.

The people who agreed with Aristotle agreed that Venus

Parecía que Venus disminuía y crecía. Se dice que la Luna, al cambiar, pasa por fases. Los seres humanos han notado las fases de la Luna desde tiempos antiguos. Ahora parecía que Venus también tenía fases. Galileo no descansó hasta que descubrió lo que esto significaba.

Igual que todos los planetas y lunas, nuestra Luna no produce su propia luz. Lo que hace brillar a la Luna es la luz del Sol. Por lo tanto, a medida que la Luna pasa entre la Tierra y el Sol, no podemos verla. Esto se debe a que la luz que cae en la cara de la Luna que da al Sol, no es la cara que nosotros vemos.

A medida que la Luna orbita alrededor de la Tierra, más de luz se refleja hacia nosotros. Cuando esto ocurre, vemos más y más de la Luna. Luego, la Luna se ve como un círculo completo y luminoso. A ésta se la llama Luna llena. La Luna refleja la luz del Sol directamente hacia la Tierra.

La gente que estaba de acuerdo con Aristóteles pensaba, como él, que Venus tenía fases. Pero decía que esas fases indicaban que Venus orbitaba alrededor de la

had phases. But they said that these phases meant that Venus moved around Earth, just as the Moon did. Galileo proved that these people were wrong, however.

Galileo watched Venus for several months. He learned that the phases of Venus were much longer than those of the Moon. The Moon goes through all of its phases in one month. But it takes Venus one and a half years to go through all of its phases. This means that if Venus did orbit Earth, the orbit of Venus would be far, far larger than Aristotle believed.

Galileo knew that Aristotle's ideas did not explain the phases of Venus. It made sense that Venus was closer to the Sun than Earth and that both Earth and Venus orbited the Sun. At one stage in its journey, Venus lies between Earth and the Sun. Then, we cannot see Venus from Earth. At the opposite end of the journey, Venus lies on the other side of the Sun from Earth. Then, Venus looks like a full, bright circle.

Tierra, igual que la Luna. Sin embargo, Galileo demostró que estaba equivocada.

Galileo observó Venus por muchos meses. Aprendió que las fases de Venus eran mucho más largas que las de la Luna. La Luna pasa por todas sus fases en un mes. En cambio, Venus tarda un año y medio en pasar por todas sus fases. En otras palabras, si Venus realmente orbitara alrededor de la Tierra, la órbita sería muchísimo más grande de lo que había pensado Aristóteles.

Galileo sabía que las ideas de Aristóteles no explicaban las fases de Venus. Era lógico que Venus estuviera situada más cerca del Sol que la Tierra, y que ambas, la Tierra y Venus, orbitaban alrededor del Sol. En una etapa de su recorrido, Venus está situada entre la Tierra y el Sol. Entonces no podemos ver a Venus desde la Tierra.

En el extremo opuesto de su recorrido, Venus está situada a la otra cara del Sol, es decir, a la cara que no da a la Tierra. Entonces, Venus tiene el aspecto de un círculo completo y luminoso.

> ❝ I have seen stars . . . which have never been seen before . . . stars in number more than ten times. [But even more exciting is the fact that I] discovered four planets, neither known nor [seen] by any one . . . before my time. ❞
>
> —Galileo, from
> *The Starry Messenger*

> ❝ He observado estrellas . . . que nunca antes se han visto . . . estrellas en una cantidad de más de diez veces. [Pero aún más emocionante es el hecho de que yo] descubrí cuatro planetas, ni conocidos ni [vistos] por nadie . . . en mis tiempos. ❞
>
> —Galileo,
> de *El mensajero sideral*

The Starry Messenger

In 1610, Galileo wrote a book called *The Starry Messenger*. In this book, he described all his discoveries about the sky. For one thing, he wrote about the moons of Jupiter. He named Jupiter's moons after the Grand Duke Cosimo II, his new boss.

In 1611, Galileo went to Rome. He showed the scientists of Rome how his telescope worked. He told them about his discoveries. Galileo wanted these people to buy his book, but he also wanted them to support his views. Galileo continued to argue against Aristotle. He wanted people to agree with him.

Galileo was a great speaker. He amazed his audience with his new telescope. Soon, Galileo and his telescope were the talk of

El mensajero sideral

En 1610, Galileo escribió un libro titulado *El mensajero sideral*. En este libro describió todos sus descubrimientos acerca del cielo. Escribió, entre otras cosas, acerca de las lunas de Júpiter. A estas lunas les puso nombres en honor del gran duque Cosimo II, su nuevo patrón.

En 1611, Galileo viajó a Roma. Les demostró a los científicos de Roma cómo funcionaba su telescopio. Les contó de sus descubrimientos. Galileo deseaba que estas personas le compraran su libro, pero además deseaba que apoyaran sus ideas. Galileo seguía dando razones en contra de Aristóteles. Quería que la gente coincidiera con él.

Galileo era un orador muy capaz. Asombraba a su público con su telescopio nuevo. En poco tiempo, Galileo y su telescopio estaban en boca

The Villa Medici, a government building where Galileo stayed when he visited Rome.

El Villa Medici, un edificio gubernamental donde Galileo se alojaba cuando visitaba a Roma.

Italy. People who looked through the telescope could see the Moon's craters and mountains. They could see the planets appear large and close.

Astronomy is the science of the sky. Thanks to Galileo, astronomy suddenly became an interesting subject. Still, most people agreed with Aristotle. Galileo returned to Florence. He then learned that a group of scientists had begun to attack his work.

In 1612, a man named Christopher Scheiner wrote a book. Scheiner was a strong believer in Aristotle. Scheiner had been using telescopes for a year and had seen a number of dark spots on the surface of the Sun. He called these dark marks sunspots. He said that these sunspots were tiny planets orbiting the Sun close to its surface.

Galileo learned of Scheiner's book. He disagreed with Scheiner's ideas. Galileo had seen the spots too, and he attacked Scheiner's work. But Scheiner had the support of the church, and Galileo did not.

de todos los italianos. Los que miraban por el telescopio podían ver los cráteres y montañas de la Luna. Los planetas se veían grandes y de cerca.

La astronomía es la ciencia del cielo. Gracias a Galileo, de repente la astronomía se volvió interesante. Sin embargo, la mayoría de la gente seguía estando de acuerdo con Aristóteles. Galileo regresó a Florencia. Pronto supo que un grupo de científicos había comenzado a atacar su trabajo.

En 1612, un hombre llamado Christopher Scheiner escribió un libro. Scheiner era un firme creyente en Aristóteles. Había usado telescopios por un año y había visto muchas manchas oscuras en la superficie del Sol. A estas manchas las llamaba manchas solares. Dijo que estas manchas solares eran planetas muy pequeños en órbita alrededor del Sol, cercanos a su superficie.

Galileo se enteró del libro de Scheiner y estuvo en desacuerdo con sus ideas. Galileo había visto las manchas también, y atacó el trabajo de Scheiner.

Pero Scheiner tenía el apoyo de la Iglesia. Galileo no lo tenía.

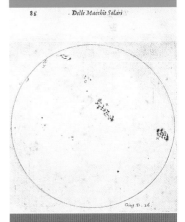

Galileo first saw sunspots in 1611. This is what he saw.

En 1611 Galileo observó manchas solares por primera vez. Esto es lo que observó.

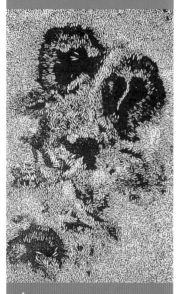

This is a recent picture of sunspots. These sunspots are about 3,500 miles across.

Ésta es una imagen reciente de manchas solares. Miden unas 3.500 millas al través.

A Burning Jealousy

Galileo and Scheiner got into a big argument. Scheiner was convinced that he was right, and Galileo disagreed. This put Galileo in a bad position. Because the church agreed with Scheiner, Galileo appeared to be arguing with the church.

In December 1614, the argument got worse. A young priest named Thomas Caccini called Galileo an enemy of true faith. Galileo had always been a faithful Catholic, and it hurt him that Caccini questioned his faith. Galileo had never questioned God. He only questioned human beings who would not accept new ideas.

Galileo lost his temper. Up until this point, he had never agreed with Copernicus in public. In anger, now he did. Galileo told the world that Earth was not at the center of the universe. Earth, he said, was just another planet orbiting the Sun.

Within a few months, Galileo was called to Rome. The church leaders wanted him to say he was wrong. Galileo was accused of being a heretic. Unless Galileo agreed with Aristotle, the church

Celos ardientes

Galileo y Scheiner empezaron una gran discusión. Scheiner estaba convencido de que tenía razón, y Galileo estaba en desacuerdo. Galileo se encontraba en una mala posición. Como la Iglesia coincidía con Scheiner, parecía que Galileo se oponía la Iglesia.

En diciembre de 1614 se empeoró la discusión. Tomás Caccini, un cura joven, llamó a Galileo un enemigo de la fe. Galileo siempre había sido un católico fiel, y lo apenó que Caccini cuestionara su fe. Galileo nunca había cuestionado la existencia de Dios. Cuestionaba solamente a los seres humanos que no querían aceptar nuevas ideas.

Galileo se puso furioso. Hasta ese momento, nunca había afirmado en público su acuerdo con las ideas de Copérnico. Ahora sí lo hizo. Galileo anunció a todo el mundo que la Tierra no estaba situada en el centro del universo. Dijo que la Tierra simplemente era otro planeta que orbitaba alrededor del Sol.

En pocos meses lo convocaron a Roma. Los líderes de la Iglesia querían que él se declarara equivocado. Lo acusaron de hereje. Si Galileo no coincidía con Aristóteles, la

Galileo at about age forty-six.

Galileo, cuando tenía alrededor de cuarenta y seis años.

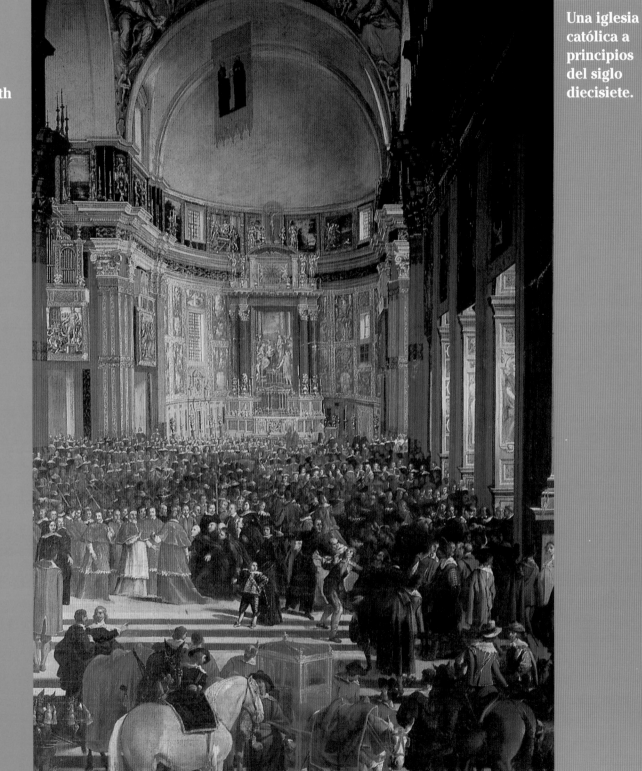

An Italian Catholic church of the early seventeenth century.

Una iglesia católica a principios del siglo diecisiete.

claimed it was impossible for him to be a scientist and a faithful Catholic at the same time.

The Assayer

When Galileo appeared in Rome, he did as the church had asked. He agreed not to support Copernicus. He even agreed not to teach science that disagreed with the church.

For a while things calmed down. Then, in 1618, three comets appeared in the sky. This stirred things up again. A scientist named Orazio Grassi said that the comets' paths were straight lines. He tried to make the comets fit into Aristotle's view of the universe. Galileo knew that Grassi was wrong.

Galileo set out to prove that Grassi was wrong. He could see through his telescope that the comets' paths were curved. Galileo wrote a book called *The Assayer*. In the book, Galileo used Copernicus's ideas to explain the comets' curved paths.

Galileo had done experiments.

Iglesia diría que era imposible que fuera científico y católico fiel al mismo tiempo.

El ensayador

Al llegar a Roma, Galileo hizo lo que la Iglesia le había pedido. Consintió en poner fin a su apoyo de Copérnico. Hasta consintió en no enseñar ideas científicas que no coincidieran con las de la Iglesia.

Por un tiempo la situación volvió a la normalidad. Luego, en 1618, tres cometas aparecieron en el cielo. Su aparición destruyó esa normalidad. Un científico llamado Orazio Grassi dijo que las trayectorias de los cometas eran líneas rectas. Trató de hacer cuadrar a los cometas con los puntos de vista de Aristóteles acerca del universo. Galileo sabía que Grassi estaba equivocado.

Galileo se propuso demostrar que Grassi estaba equivocado. Por medio de su telescopio veía que los cometas tenían trayectorias curvas. Galileo escribió un libro titulado *El ensayador*. En el libro Galileo usó las ideas de Copérnico para explicar las trayectorias curvas de los cometas.

Galileo había realizado experimentos.

Maffeo Barberini was a mathematician and a friend of Galileo. He became Pope Urban VIII in 1623.

Maffeo Barberini era matemático y amigo de Galileo. En 1623 llegó a ser el papa Urbano VIII.

Galileo was put on trial in 1633. He was called to stand trial after he refused to write a book that agreed with Aristotle.

Galileo fue procesado en 1633, después de negarse a escribir un libro que apoyara los puntos de vista de Aristóteles.

His experiments explained the facts. Unfortunately for Galileo, the church ignored the facts. In 1624, he was called back to Rome.

The Trial

This time, it was Pope Urban VIII who was angry with Galileo. Pope Urban had once been Galileo's friend. Now, the pope would not listen to Galileo's opinions. Galileo had earned respect as a scientist, however. He also had made some important friends.

Galileo's friends supported him. They tried to keep the pope happy. They convinced Galileo to sign a paper that said he would not teach Copernicus's ideas. But the pope had something else he wanted Galileo to do.

The pope asked Galileo to write another book. In this book, he would discuss both sides of the argument and agree that Copernicus was wrong. If Galileo wrote the book as the pope said, Galileo would return to Florence a free man.

Galileo did write the book. It took him nine years to write it. But at the end of the book, Galileo had agreed with Copernicus. He had said that Aristotle was wrong. Galileo was then called to Rome to stand trial for heresy.

Once in Rome, it appeared that the pope would put Galileo to death. His friends tried to help him. They asked the pope to spare

Sus experimentos corroboraban su hipótesis. Desgraciadamente para Galileo, la Iglesia no hizo caso a esto. En 1624 otra vez lo mandaron llamar de Roma.

El proceso

En esta ocasión, fue el papa Urbano VIII el que se había enojado con Galileo. Antes, el papa Urbano había sido su amigo. Ahora, el papa no quería escuchar sus opiniones. Sin embargo, como científico, Galileo se había ganado mucho respeto. También se había hecho amigo de personas importantes.

Los amigos lo apoyaban. Intentaron contentar al papa. Convencieron a Galileo de que firmara un documento que decía que no enseñaría las ideas de Copérnico. Pero el papa quería que Galileo hiciera algo.

El papa pidió a Galileo que escribiera otro libro. En este libro comentaría los dos aspectos de la discusión y luego afirmaría que Copérnico se había equivocado. Si Galileo escribía el libro según el mandato del papa, Galileo podría volver a Florencia en toda libertad.

Galileo escribió el libro. Tardó nueve años en escribirlo. Pero al final del libro Galileo había coincidido con Copérnico. Había dicho que las ideas de Aristóteles eran erróneas. Luego, lo convocaron a Roma para ser procesado por herejía.

Al llegar Galileo a Roma, parecía que el papa iba a condenarlo a muerte. Sus amigos trataron de ayudarlo. Rogaron al papa que le perdonara

Galileo's life. They convinced the pope to give Galileo life in prison instead.

House Arrest

Galileo was put under house arrest. This meant that he was allowed to live in a small house outside of Florence, but he could not leave the grounds. Guards at the house made sure that Galileo did not leave. Also, anyone who sold Galileo's books would be put to death.

For the rest of his life, Galileo remained a prisoner in his small house. He could not send letters unless the church agreed with them. No one could talk to Galileo unless they received special permission. Galileo was not allowed to discuss his opinions.

Surviving

Galileo grew sad and he became very ill. He could not leave his house to get treatment, and his illness grew worse. Then in 1634, his daughter grew sick and died. She died in a convent where she had lived as a nun.

Galileo was sad, but he did not give up. He began to paint again. He also played the lute again, as he had done as a child. After a while, he got interested in science again. His desire to explore the world would not go away.

Once again, Galileo began to write. The church had allowed him to have his telescope at his small house. Galileo watched

la vida. Convencieron al papa de que sentenciara a Galileo a prisión perpetua.

Arresto domiciliario

A Galileo lo pusieron bajo arresto domiciliario. Le permitieron vivir en una casa pequeña en las afueras de Florencia, pero no podía pasar más allá de los jardines. Unos guardias en la casa aseguraban de que Galileo no se fuera. Además, cualquier persona que vendiera los libros de Galileo sería condenada a muerte.

Durante el resto de su vida, Galileo vivió preso en su pequeña casa. No podía enviar cartas a menos que la Iglesia las aprobara. Nadie podía hablar con Galileo a menos que recibiera permiso especial. No le permitían que hablara de sus puntos de vista.

Sobrevivir

Galileo se entristeció y se enfermó. No podía salir de su casa para ver a un médico, y su enfermedad empeoraba. Entonces, en 1634, su hija se enfermó y murió. Murió en un convento donde había sido monja.

Galileo estaba triste, pero no se rindió. Volvió a pintar y a tocar el laúd, como lo hacía de joven. Con el tiempo, volvió a interesarse por la ciencia. Su deseo de explorar el mundo se negó a extinguirse.

Galileo también volvió a escribir. La Iglesia le había permitido que se quedara con su telescopio. Galileo observaba el cielo noc-

the night sky. In his final years, he made many more important discoveries. By looking through his telescope, he learned many things about the Moon, stars, and planets.

Two New Sciences

Between 1634 and 1637, Galileo wrote what many people call his greatest scientific book. He called the new book *Two New Sciences*.

In the first half of the book, Galileo discussed the subject of motion. He discussed how objects move, and he discussed the forces that act on them. In the second half of the book, he discussed the properties of matter. He discussed how different materials can be stretched and shaped into different forms.

The first part of *Two New Sciences* opened the way for later scientists. The most important of these scientists was Sir Isaac Newton. Sir Isaac Newton was born the year Galileo died. In many ways, Newton continued Galileo's important work.

turno. En sus últimos años, hizo muchos otros descubrimientos importantes. Por medio de su telescopio descubrió muchos datos sobre la Luna, las estrellas y los planetas.

Dos ciencias nuevas

Entre 1634 y 1637, Galileo escribió lo que muchos consideran su mejor libro científico. Le puso el título *Dos ciencias nuevas*.

En la primera mitad del libro, Galileo habló del movimiento. Habló de cómo se mueven los objetos y de las fuerzas que los afectan. En la segunda mitad del libro, habló de las propiedades de la materia. Habló de las maneras en que distintos materiales pueden extenderse y tomar distintas formas.

La primera parte de *Dos ciencias nuevas* abrió camino a los científicos posteriores. El más importante de ellos fue Sir Isaac Newton. Sir Isaac Newton nació el mismo año en que murió Galileo. En muchos aspectos, Newton continuó el importante trabajo de Galileo.

> " Galileo, perhaps more than any other single person, was responsible for the birth of modern science. . . . Galileo was one of the first to argue that man could hope to understand how the world works, and, moreover, that we could do this by observing the real world. "
>
> —Nobel Prize winner Stephen Hawking, from *A Brief History of Time*

> " Galileo, tal vez más que cualquier otra persona, fue responsable del nacimiento de la ciencia moderna. . . . Galileo fue uno de los primeros en proponer que el hombre podía comprender el funcionamiento del mundo y, además, que podíamos hacerlo observando el mundo real. "
>
> —Stephen Hawking, ganador del premio Nobel, de *Historia breve del tiempo*

This picture shows Galileo wondering whether he should state in public that he agrees with Copernicus or with the church. He knows that Copernicus is right, but he also knows that the church can spare his life.

Este dibujo muestra Galileo preguntandose si debería afirmar en público que está de acuerdo con Copérnico o con la Iglesia. Sabe que Copérnico estaba acertado, pero también sabe que la Iglesia puede perdonarle la vida.

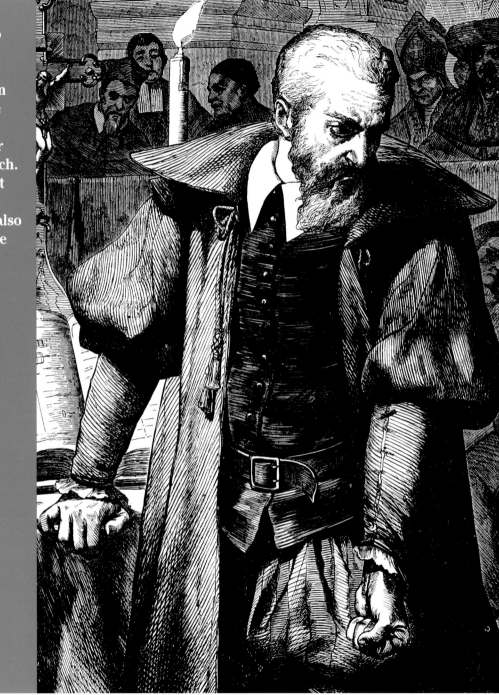

Galileo's Secret Book

The second part of *Two New Sciences* was totally new. No scientist had ever before used math to study the properties of materials. Galileo wrote his ideas about many things. He wrote ideas about why some materials stretch and others do not. He wrote about why some materials give out heat and others do not.

Galileo was as smart as he ever was. But he was forbidden to sell his books. There was nothing in these new books that disagreed with the church, but the church leaders had already decided that Galileo could not discuss his views.

With the help of his friends, Galileo wrote to a printing company in Holland. Holland was far away from the Roman Catholic Church. Galileo's writings were sneaked out of his house. In 1638, his greatest book, *Two New Sciences*, was printed and sold.

Final Days

Galileo worked to the end of his life. Science was in his blood. He lived for discovery. He longed for the excitement of discovering the secrets of the universe.

In 1637, just weeks after he finished *Two New Sciences*, Galileo got an eye infection. Soon, he lost his sight.

Galileo was allowed to have assistants who did experiments for him. These assistants told Galileo what they had found.

El libro secreto de Galileo

La segunda parte de *Dos ciencias nuevas* fue completamente nueva. Nunca antes un científico había usado las matemáticas para estudiar las propiedades de los materiales. Galileo escribió sus ideas acerca de muchos asuntos. Escribió sus ideas acerca de por qué algunos materiales se estiran y otros no. Escribió acerca de por qué algunos materiales emiten calor y otros no.

Galileo seguía tan inteligente como siempre. Pero tenía prohibido vender sus libros. No había nada en estos nuevos libros que no coincidiera con la Iglesia, pero los líderes de la Iglesia ya había decidido que Galileo no podía hablar de sus puntos de vista.

Con la ayuda de sus amigos, Galileo se comunicó por escrito con una compañía de imprenta en Holanda. Holanda estaba lejos de la Iglesia Católica. En secreto se sacaron los escritos de Galileo de su casa. En 1638 se imprimió y se vendió su libro más importante, *Dos ciencias nuevas*.

Últimos días

Galileo siguió trabajando hasta los últimos días de su vida. Llevaba la ciencia en la sangre. Vivía por y para descubrir cosas. Anhelaba la emoción de descubrir los secretos del universo.

En 1637, unas cuantas semanas después de haber terminado *Dos ciencias nuevas*, Galileo contrajo una infección del ojo. Pronto perdió la vista.

A Galileo le permitieron tener ayudantes para hacer sus experimentos. Estos ayudantes relataban a Galileo lo que habían descubierto. Luego

During his final years, Galileo was blind. He used assistants to help him do experiments.

Durante sus últimos años, Galileo quedó ciego. Hacía experimentos con la ayuda de ayudantes.

Then Galileo explained what these findings meant.

But Galileo was getting weaker. He was angry about being a prisoner for the rest of his life. On January 8, 1642, Galileo died in his sleep.

Remembering Galileo

Galileo was one of the world's most important scientists. More than anyone else, he helped push science into a new age. Galileo formed ideas that helped Isaac Newton make discoveries about force, gravity, and motion. Newton's laws are still used to this day.

Galileo also made the telescope an important instrument. He discovered the idea of acceleration, and he helped us understand what happens to falling objects. Galileo made his discoveries by making experiments and looking for patterns. This was a new kind of science that no one had done before.

Galileo did many important things, but most importantly, he helped science move forward. He fought for what he believed,

Galileo explicaba el significado de los hallazgos.

Pero Galileo se debilitaba cada vez más. Estaba furioso por estar preso por lo que le quedaba de su vida. El 8 de enero de 1642, Galileo murió mientras dormía.

Recordando a Galileo

Galileo fue uno de los científicos más importantes del mundo. Más que cualquier otra persona ayudó a impulsar la ciencia hacia una etapa nueva. Galileo presentó ideas que ayudaron a Isaac Newton a hacer descubrimientos acerca de la fuerza, gravedad y movimiento. Las leyes de Newton se aplican aún hoy día.

Además, Galileo hizo que el telescopio se volviera un instrumento importante. Descubrió el concepto de la aceleración, y nos ayudó a comprender qué sucede a los objetos en caída libre. Galileo hizo sus descubrimientos realizando experimentos y buscando patrones. Todo esto era un nuevo género de ciencia que nunca antes había hecho.

Galileo hizo muchas cosas importantes, pero, sobre todo, ayudó en el avance de la ciencia. Luchó por sus creencias y trató de alentar

Galileo is believed to be one of the greatest scientists in history. His work led to many new discoveries and many new areas of science.

Se cree que Galileo es uno de los científicos más importantes de la historia. Su trabajo llevó a muchos descubrimientos nuevos y muchos campos científicos nuevos.

and he tried to get people to explore new ideas.

The Roman Catholic Church did not stop Galileo. The church failed to stop science from moving forward. Galileo had ideas that made sense. The false ideas that the church tried to protect were soon denied.

Galileo had changed the world. He led the world into "The Age of Enlightenment." After Galileo's death, science began to move forward very quickly. Soon, new discoveries and new ideas spread across the entire world.

a la gente a explorar nuevas ideas.

La Iglesia Católica no pudo derrotar a Galileo. La Iglesia no logró impedir el avance de la ciencia. Galileo tenía ideas razonables. En poco tiempo se rechazaron las ideas erróneas que la Iglesia había intentado proteger.

Galileo había cambiado el mundo. Condujo al mundo hacia el "Siglo de las Luces". Después de su muerte, la ciencia empezó a avanzar muy rápidamente. En poco tiempo, se propagaron nuevos descubrimientos e ideas por todo el mundo.

IMPORTANT DATES

1543 Nicolaus Copernicus publishes a book that suggests Earth is not at the center of the universe. This suggests that Aristotle's idea of the universe was wrong.

1564 Galileo Galilei is born in Pisa, Italy.

1581 At age seventeen, Galileo becomes a student at the University of Pisa.

1583 Galileo begins experimenting with pendulums.

1585 At age twenty-one, Galileo leaves the University of Pisa. He begins to teach private lessons.

1586 Galileo writes his first book. This gets him attention from other scientists.

1589 Galileo begins work as a math teacher at the University of Pisa.

1590 Galileo writes a book about his ideas on motion and falling objects.

1591 Galileo does his famous experiment at the Leaning Tower of Pisa.

1592 Galileo begins work as a math teacher at the University of Padua.

1593 Galileo begins experimenting with acceleration.

1597 German scientist Johannes Kepler publishes a book that supports Copernicus's view of the universe.

1609 Galileo makes his telescope and begins to watch the sky.

1610 **March:** Galileo publishes *The Starry Messenger.*

September: Galileo begins work as a mathematician in Florence.

FECHAS IMPORTANTES

1543 Nicolás Copérnico publica un libro que implica que la Tierra no está situada en el centro del universo. Esto implica que eran erróneos los puntos de vista de Aristóteles acerca del universo.

1564 Nace Galileo Galilei en Pisa, Italia.

1581 A los diecisiete años, Galileo entra como alumno en la Universidad de Pisa.

1583 Galileo inicia sus experimentos con péndulos.

1585 A los veintiún años, Galileo sale de la Universidad de Pisa. Empieza a dar clases particulares.

1586 Galileo escribe su primer libro. Éste llama la atención de otros científicos.

1589 Galileo comienza a trabajar como profesor de matemáticas en la Universidad de Pisa.

1590 Galileo escribe un libro que trata de sus ideas acerca del movimiento y de la caída libre de objetos.

1591 Galileo hace su famoso experimento en la Torre Inclinada de Pisa.

1592 Galileo comienza a trabajar como profesor de matemáticas en la Universidad de Padua.

1593 Galileo inicia sus experimentos sobre la aceleración.

1597 El científico alemán Johannes Kepler publica un libro que apoya las ideas de Copérnico acerca del universo.

1609 Galileo fabrica su telescopio y empieza a observar el cielo.

1610 **Marzo:** Galileo publica *El mensajero sideral.*

Septiembre: Galileo comienza a trabajar como matemático en Florencia.

1612 Christopher Scheiner publishes a book about sunspots. Galileo disagrees with Scheiner.

1613 Galileo publishes a book that supports Copernicus's theory of the universe.

1614 A priest named Thomas Caccini calls Galileo an enemy of faith.

1615 Galileo is called to Rome and asked to disagree with Copernicus.

1618 Three comets appear in the sky. This leads to more arguments between Galileo and the church.

1623 Galileo publishes *The Assayer*. In the book, he disagrees with the church's thinking on the universe.

1624 Pope Urban VIII orders Galileo to write a book that explains the difference between Aristotle's and Copernicus's views of the universe. The pope tells Galileo he must state in the book that Aristotle was right.

1632 **February:** Galileo publishes *Dialogue Concerning the Two Chief Systems of the World.*

August: The church forbids the book to be sold. The church also calls Galileo to stand trial in Rome.

1633 **April:** Galileo, age sixty-nine, stands trial.

June: Galileo is found guilty of heresy. He is sentenced to life in prison and placed under house arrest.

1634 Galileo begins writing *Two New Sciences*.

1637 Galileo loses his sight.

1638 *Two New Sciences* is published in Leiden, Holland.

1642 Galileo Galilei dies at age seventy-seven.

1612 Christopher Scheiner publica un libro sobre las manchas solares. Galileo está en desacuerdo con Scheiner.

1613 Galileo publica un libro que apoya la teoría de Copérnico acerca del universo.

1614 Tomás Caccini, un cura, llama a Galileo enemigo de la fe.

1615 A Galileo lo mandan llamar a Roma y le piden que se declare en desacuerdo con Copérnico.

1618 Aparecen tres cometas en el cielo. Esto lleva a más conflictos entre Galileo y la Iglesia.

1623 Galileo publica *El ensayador.* En el libro Galileo se declara en desacuerdo con las ideas de la Iglesia acerca del universo.

1624 El papa Urbano VIII le manda a Galileo escribir un libro que explique la diferencia entre los puntos de vista de Aristóteles y los de Copérnico acerca del universo. El papa le dice a Galileo que debe afirmar en el libro que Aristóteles tenía razón.

1632 **Febrero:** Galileo publica *Diálogo sobre los dos principales sistemas del mundo.*

Agosto: La Iglesia prohibe que se venda el libro. La Iglesia también convoca para ser procesado Galileo a Roma.

1633 **Abril:** Galileo es procesado a los sesenta y nueve años de edad.

Junio: Declaran culpable de herejía a Galileo. Es sentenciado a prisión perpetua y lo ponen bajo arresto domiciliario.

1634 Galileo comienza a escribir *Dos nuevas ciencias.*

1637 Galileo queda ciego.

1638 Se publica *Dos nuevas ciencias* en Leiden, Holanda.

1642 Galileo Galilei muere a los setenta y siete años de edad.

GLOSSARY

Acceleration: The ability to increase speed.

Astronomy: The study of the part of the universe that lies beyond Earth. The science of astronomy includes the study of stars, planets, comets, and other objects in the sky.

Craters: A circular hollow surrounded by ridges. Craters are found on the surface of the Moon.

Density: How much mass an object has for its size. To find the density of an object, you divide the mass of an object by its volume.

Gravity: The force that attracts, or pulls, material toward Earth.

Heresy: An opinion that disagrees with accepted religious ideas. A heretic is a person who has the opinion that disagrees.

Inquisition: In the Middle Ages, leaders of the Roman Catholic Church who found and punished heretics. Heretics were people who had ideas that disagreed with the church.

Mass: How much matter is in an object.

Monastery: A place where men who follow strict religious rules live and learn.

Pendulum: An object that is hung by a string or cord and is able to swing freely.

GLOSARIO

Aceleración: La capacidad de aumentar velocidad.

Astronomía: El estudio de la parte del universo situada más allá de la Tierra. La ciencia de la astronomía incluye el estudio de estrellas, planetas, cometas y otros cuerpos en el cielo.

Cráteres: Hoyos circulares rodeados por un borde elevado. Se encuentran cráteres en la superficie de la Luna.

Densidad: La masa de un objeto en relación a su tamaño. Se calcula la densidad de un objeto dividiendo la masa de éste por su volumen.

Gravedad: La fuerza que hace que los objetos sean atraídos hacia la Tierra.

Herejía: Opinión que no coincide con ideas religiosas establecidas. Un hereje es alguien que tiene una opinión que no concuerda con las de la Iglesia.

Inquisición: En la Edad Media, líderes de la Iglesia Católica que buscaban y castigaban a herejes. Eran herejes las personas que tenían ideas en desacuerdo con las de la Iglesia.

Masa: La cantidad de materia que tiene un objeto.

Monasterio: Lugar donde viven y estudian hombres que obedecen reglas religiosas estrictas.

Péndulo: Objeto colgado de un hilo o cuerda y que puede oscilar libremente.

Phases of the Moon: How the Moon looks as we view it from Earth. In one month's time, the Moon appears in different phases, or stages. It appears to change from a full, round circle to nothing at all, then back to a full, round circle again. Thus, the Moon appears to shrink and grow.

Philosopher: A thinker. A philosopher thinks about and develops ideas about the world. Aristotle and many other famous philosophers lived in ancient Greece.

Physics: The science of matter and energy and how they are related.

Sunspots: Dark patches that can be seen on the Sun's surface. Today, sunspots are thought to be cooler areas of the Sun.

Supernova: An exploding star.

Volume: The amount of space an object takes up.

Fases de la Luna: El aspecto de la Luna como se ve desde la Tierra. En el lapso de un mes, la Luna aparece en distintas fases, o etapas. Parece cambiar desde un círculo completo hasta desaparecer, y luego, de nuevo a un círculo completo. Así, la Luna parece disminuir y crecer.

Filósofo: Pensador. Un filósofo piensa en y desarrolla ideas acerca del mundo. Aristóteles y muchos otros filósofos famosos vivieron en la antigua Grecia.

Física: La ciencia que trata de la materia y energía, y cómo se relacionan las dos.

Manchas solares: Manchas oscuras que se ven en la superficie del Sol. Hoy día, las manchas solares se consideran áreas menos calientes del Sol.

Supernova: Estrella que estalla

Volumen: La totalidad de espacio ocupado por un objeto.